CRECER

JUGANDO

APRENDER A ESTUDIAR

URSULA RÜCKER-VENNEMANN

Ilustraciones de Susanne Bochem

Técnicas para enseñar a los niños a concentrarse en los estudios

ONIRO

Título original: *Lernen mit Kopf und Bauch*
Publicado en alemán por Kösel-Verlag GmbH & Co., München

Traducción de J. A. Bravo

Diseño de cubierta: Valerio Viano

Ilustraciones de cubierta e interiores: Susanne Bochem

Distribución exclusiva:
Ediciones Paidós Ibérica, S.A.
Mariano Cubí 92 - 08021 Barcelona - España
Editorial Paidós, S.A.I.C.F.
Defensa 599 - 1065 Buenos Aires - Argentina
Editorial Paidós Mexicana, S.A.
Rubén Darío 118, col. Moderna - 03510 México D.F. - México

© 2001 by Kösel-Verlag GmbH & Co., München

© 2003 exclusivo de todas las ediciones en lengua española:
Ediciones Oniro, S.A.
Muntaner 261, 3.º 2.ª - 08021 Barcelona - España
(oniro@edicionesoniro.com - www.edicionesoniro.com)

ISBN: 84-9754-046-8
Depósito legal: B-47.069-2002

Impreso en Hurope, S.L.
Lima, 3 bis - 08030 Barcelona

Impreso en España - *Printed in Spain*

Índice

Prólogo   9
Notas sobre los ejercicios   12

Todo consiste en llenar el tarro
Nuestra riqueza interior   15
¿De qué manera movilizamos nuestras fuerzas?   15
¿Cómo, que te falta tiempo para leer o para las actividades?   17

Una imagen positiva de sí mismo
Para reforzar la autoestima   18
Los padres son los mejores hipnotizadores   18
Cómo «llenar el tarro» de tus hijos   21
«No estoy pensando en una pizza...»   23
¿Las alabanzas convierten a los hijos en fanfarrones?   24
Ejercicios
Llevar el tarro a la fuente de renovadas fuerzas   25

Postura corporal
Postura vital   37
Ejercicios
Llenamos el tarro con los elementos de un organismo sano   39
Posturas y ejercicios corporales   39

Ejercicios de respiración   53

Ejercicios de relajación   56

Estar plenamente en el mundo

Entrenamiento de la percepción   63

Captar el mundo con todos los sentidos   63

Ejercicios

El tarro lleno con los cinco sentidos   65

El dado selector   66

Abrir los ojos: la percepción visual   68

Óyeme bien: la percepción auditiva   70

Toca, toca: la percepción kinestésica   72

Pautas de los movimientos oculares   76

Aprender con todos los sentidos

Enseñar con todos los sentidos   79

El alumno visual, el auditivo y el kinestésico   79

El alumno visual: «La vista es la que trabaja»   80

El alumno auditivo: «Así como suena»   84

El alumno kinestésico: «Flor sensitiva»   86

Estrategias idóneas de enseñanza para los distintos tipos de alumnos   89

Una imagen dice más que mil palabras

Entrenamiento de la visualización   91

El sentido de la vista en la enseñanza   91

Ejercicios

Para «llenar el tarro»: un cine en el tarro   93

Otras posibilidades de entrenamiento   98

El as en el tarro

La superestrategia de aprendizaje   99

Bases teóricas   99

La técnica   102

Ejercicios

Cartas triunfadoras con la superestrategia de aprendizaje   105

La letra con gusto entra

El poder creativo de la visualización   107

¿Fantasía o realidad?   107

Medios para controlar el estrés   108

Ejercicios

Imagínate...   109

¿Es verdad que los sueños se desvanecen?

El poder del pensamiento   117

Metas vitales y motivación   118

Ejercicios

Lo que puedo y lo que quiero   121

¿El viaje fantástico es una predestinación?   128

El arte de ser un ciempiés

Ídolos y prototipos   130

De qué manera nos son útiles los modelos   131

Ejercicios

Buenos ejemplos para guardar en el «tarro»   133

Dejar de ser un ciempiés

Convertirse en un «siete ciencias»   136

Índice de ejercicios prácticos   139

Acerca de la autora   142

Prólogo

Queridos padres y profesores:

¿Qué ideas, qué sentimientos asociáis a los recuerdos de vuestro pupitre escolar, de la formación profesional o de las aulas universitarias? «No siempre ha sido fácil», suspiran muchos cuando se les dirige esta pregunta. En nuestros tiempos, los maestros eran severos y «la letra con sangre entra». Los padres reñían y castigaban. Hoy, en cambio, está desterrada la disciplina corporal, ¡gracias a Dios!, y también los padres administran con más prudencia las reprimendas y los castigos. Pero no quiere decir que nuestros hijos lo tengan más fácil. La dificultad ha aumentado en medida considerable, y en comparación con lo que se venía exigiendo hace veinte o treinta años. Los escolares han de aprender más, en menos tiempo y bajo condiciones peores: hacinamiento en las clases, insuficiente espacio y ejercicio, padres estresados. A esto se suman muchas agresiones de todo tipo. Por otra parte, a muchos niños y adolescentes se les recarga el currículo escolar con clases y cursillos adicionales: gimnasia, ballet, guitarra, informática… Algunos tienen el calendario tan lleno de actividades, fechas, citas y obligaciones, como si ya fuesen adultos plenamente dedicados a una profesión.

La exigencia escolar aumenta constantemente.

Yo misma soy madre de dos menores en edad escolar. Como trabajo con niños y jóvenes, veo sus apuros, escucho las preocupaciones de los padres y los enseñantes. Todos queremos que nuestros hijos comiencen la carrera de la vida con las mejores oportunidades posibles. Tú también deseas que tus hijos lleguen a ser unos adultos felices, triunfadores y merecedores de aprecio. Pero ¡es tan difícil a veces! Por eso quiero tenderos una mano, a ti y a tus hijos. En este libro he reunido las mejores técnicas que conozco para dominar el estrés y las estrategias para la eficacia en el estudio. Las he comprobado infinidad de veces con los alumnos de mis cursos. Las he tomado de muy diversas disciplinas, e incluso he adaptado algunas técnicas de las utilizadas en la formación de altos directivos o deportistas de competición. Naturalmente, nadie pretende que todos los niños vayan a ser *topmanager* o atletas profesionales. Pero si precisan ayuda, ¿por qué no vamos a ofrecerles lo mejor de lo mejor?

Ayuda para ellos ¡pero también para ti!

Las dificultades escolares suelen obedecer a dos causas. La primera, que la mayoría de los escolares no saben estudiar, ni que existen técnicas para hacerlo con máxima eficacia. En este libro se presentan métodos comprobados en la práctica, adaptados a las diferencias de personalidad que determinan distintos estilos de aprender.

Me gustaría infundir valor por medio de este libro. Considéralo como una especie de manual de entrenamiento para tu hijo, y también para ti, si quieres. Porque hallarás en estos ejercicios más de una sugerencia dirigida a rehacer la moral, motivarte y recuperar las fuerzas. Todos necesitamos que alguien nos aconseje y nos ayude para estar a la altura de nuestra misión como padres y como educadores.

En segundo lugar, muchos escolares padecen miedo, estrés y falta de confianza en ellos mismos o ellas mismas. En estas condiciones se produce un bloqueo. Este libro contiene ejercicios para desbloquear la mente.

Los métodos que se recomiendan aquí van dirigidos a los escolares, pero partiendo de la idea de que será, por lo general, una persona adulta (el padre, la madre, un maestro...) quien introduzca al niño en su lectura. Precisamente los que tienen problemas en las escuela, y dificultades para relajarse, concentrarse y estudiar –por lo cual tal vez habrán empezado a dudar de sí mismos, a perder confianza–, necesitan más el mentor comprensivo que les sirva de guía. Habrá sin duda escolares motivados y capaces para abordar un libro por propia iniciativa, pese a su escasa edad. Pero aquí lo hemos planteado suponiendo que los niños leerán, digamos, un capítulo con los padres, o el profesor, para luego comentarlo, realizar un ejercicio práctico y cambiar impresiones.

Al mismo tiempo los adultos irán encontrando consejos y sugerencias sobre la mejor manera de reconfortar a los pequeños, infundirles ánimos y conducirlos en los ejercicios prácticos. Éstos son, fundamentalmente, viajes imaginarios, ejercicios corporales y prácticas de percepción.

Para trabajar con el texto no es necesario aprenderse de memoria todos los ejercicios. He recopilado adrede una «paleta multicolor» para que tú y los niños podáis seleccionar. Por lo general he prescindido de dar un tiempo de duración de los ejercicios. El tiempo óptimo y el grado de dificultad pueden adaptarse a la edad, la capacidad de concentración y la mayor o menos disposición de las criaturas. Son actividades asequibles para cualquier niño sano desde los ocho (en algunos casos, desde los seis) años de edad y cualquier adulto sano. En casos excepcionales hago constar una edad mínima.

Los niños pueden ejercitarse en casa, en la clase o en un grupo de aprendizaje.

En la exposición utilizo el tuteo. Para dirigirse a los escolares servirá el «tú» o «vosotros» según la situación, y también las instrucciones prácticas están en esa forma (puesto que vienen concebidas para leerlas directamente en voz alta). Así pues, os deseo a vosotros, mis queridos escolares, y a vosotros, mis estimados adultos, que disfrutéis y lo paséis bien con este libro.

Notas sobre los ejercicios

Relajaciones y viajes fantásticos

Bajo este epígrafe he reunido todos los ejercicios pertenecientes al ámbito de la creatividad, la visualización y la ensoñación. Fundamentalmente se trata de fomentar representaciones agradables a fin de estimular el sosiego interior, la tranquilidad y la concentración. Incluso los preliminares contienen, por lo general, una invitación a relajarse física y mentalmente. Dirigimos la atención consciente hacia la propia respiración. Observamos el ritmo del propio aliento, aunque sin valoración alguna ni tentativa de modificarlo. El estado de sosiego facilita la actividad sensorial propioceptiva y su manipulación consciente. En el estado relajado los niños hallan el contacto consigo mismos, reavivan sensaciones y recuerdos agradables, desarrollan pensamientos e ideas nuevas. Se les induce a emprender por sí mismos la actividad creativa, modificando las cosas de acuerdo con las representaciones de su fantasía. De este modo, aprenden por experiencia que no están indefensos frente a las propias angustias y pautas mentales negativas, ya que es posible influir sobre ellas deliberadamente.

Estas ideas conductoras, que no se limitan a los ejercicios de ideación fantástica, refuerzan las representaciones imaginarias de signo positivo. De ahí que se recomiende la repetición de las actividades.

Las instrucciones deben leerse con voz tranquila, quizá sobre el telón de fondo de una música meditativa, para estimular la imaginación de los niños. Al término del viaje fantástico los niños son devueltos al estado vigil y de vitalidad normal del «aquí y ahora».

Las enseñanzas de estos ejercicios no son para olvidarlas sino para su integración en la vida cotidiana; ésa es la utilidad del coloquio añadido a continuación de aquéllos, durante el cual los niños comentarán la experiencia y tendrán oportunidad de pintar o escribir algo, por ejemplo las fichas-fuerza descritas en la página 13.

En mis grupos permito que los niños mismos decidan las actitudes que adoptarán durante la actividad de fantasía. Suelen preferir la postura echada, aunque esto no siempre será realizable en las condiciones de la clase. Como lo principal es que estén cómodos, también pueden sentarse en el suelo reclinados en un rincón, o de espaldas

contra una pared. Si se quedan sentados a la mesa, pueden cruzar los brazos sobre ésta y sobre ellos descansar la cabeza.

Ejercicios corporales

Serán, por lo general, estiramientos simples, respiraciones y masajes. Se han concebido
y elegido de manera que puedan practicarse en casa, en la clase o en el espacio grupal
con un mínimo de alteración o desorden. Sirven para estimular la circulación, distender
suavemente la musculatura del cuello, la nuca, los hombros y la espalda, corregir la postura corporal y profundizar la respiración. La fatiga y la sobreexcitación desaparecen
reemplazadas por una sensación revitalizante de bienestar, de sentirse a gusto con el
propio cuerpo. En efecto el organismo dilapida mucha energía mientras mantiene los
estados de tensión muscular incluso los no deseables. Es por esto que dichos estados
suelen producir síntomas de fatiga y deficiente concentración mental. Al quitar paso a
paso las tensiones de estos músculos liberamos fuerzas, que van a quedar disponibles
para otras finalidades.

Ejercicios de percepción

Tienen, casi siempre, una componente lúdica, y su utilidad consiste en educar y agudizar las facultades perceptivas. Cuanto mejor sepa percibir un niño el mundo que le rodea, mejor lo comprenderá y serán más funcionales sus reacciones al mismo.

Las fichas-fuerza

Revisten una función importante, que es la de preservar un determinado estado de ánimo deseable, una fuente de fuerza. Se impone la comparación con las fotos que saca-
mos durante las vacaciones. Digamos que hemos pasado un verano maravilloso cuyos
mejores momentos hemos retenido con ayuda de la fotografía. Cuando luego contem-
plamos estas fotos, el agradable entorno vacacional resucita, por más años que hayan
transcurrido. Y no sólo recordamos el lugar y la fecha, sino que incluso volvemos a sen-
tirnos como entonces. Esta propiedad no la tienen sólo las fotografías. También una
canción puede evocar la atmósfera emocional de otra época tan pronto como la escu-
chamos. Por medio de esas fichas conseguimos lo mismo con nuestros escolares. Ellos
contemplarán lo que dibujaron y escribieron entonces, y retornará ese fuerte color
emotivo que estuvo presente en su confección. Son una fuente de energía a la que se
puede retornar siempre que se quiera, en cualquier momento. En la jerga de los espe-

cialistas se trata de un «anclaje». Por esta razón conviene que las fichas-fuerza se mantengan al alcance de los pequeños, adornando la carpeta donde guardan sus papeles o enmarcadas sobre su cama o su mesa.

No hace falta que sean objetos bellos. No han de gustarte necesariamente a ti: ¡lo importante es que le gusten a la criatura!

Todo consiste en llenar el tarro
NUESTRA RIQUEZA INTERIOR

Una de las cosas que recuerdo de mi infancia es un tarro de cerámica blanca y azul, que se hallaba en la alacena, y donde mi madre guardaba el dinero de la compra. Estaba puesto sobre una libreta delgada, que era donde se anotaban todos los gastos. Cada vez que compraba algo, ella dejaba consignada la fecha, la cantidad y el artículo. ¿Cuándo? ¿Cuánto? ¿Para qué? Y siempre que salía a comprar, hacía la comprobación: ¿Cuánto queda en el tarro? Aunque ya lo sabía, en realidad, pero sentía la necesidad de asegurarse y sólo después decidiría cuánto gastar y en qué. Decisión que implicaba dejar siempre una reserva suficiente.

¿De qué manera movilizamos nuestras fuerzas?

Para mí, hoy día, el tarro viene a simbolizar las *reservas de energía* o de *fuerzas*. Las que precisamos para todas nuestras actividades. Las que se gastan en la lucha diaria, que en ocasiones no son pocas. En ocasiones, nos veremos en la necesidad de movilizar las reservas. Para que esto sea posible necesitaremos saber:

- ¿De dónde sacaré esas fuerzas?
- ¿Cómo utilizarlas racionalmente?
- ¿Cómo constituir nuevas reservas?

Es, por tanto, una «administración» en el sentido más auténtico de la palabra.

Sin saberlo y sin proponérselo, mi madre me ofrecía el ejemplo de cómo ponerse en contacto con una misma y con la propia riqueza interior. Yo me había creado una imagen interior de mi «tarro» conteniendo mis recursos de fuerza. ¿Cuánta energía, cuántos conocimientos, cuántos deseos de vivir he guardado en él? ¿En qué voy a invertirlos esta mañana? ¿Hasta cuándo me van a alcanzar las reservas? ¿Y cuándo tendré la oportunidad de recargarlas?

Las personalidades fuertes tienen eso en común, que son conscientes de su valía y de su gran riqueza interior. Esto es lo que les permite asumir esfuerzos, imponerse de manera amable, ser creativas y desbordantes de ideas. Otros rasgos característicos de las personas que tienen el «tarro bien dotado» son la honradez, la integridad, la responsabilidad y la actitud afectuosa. Y eso es tan cierto para los pequeños como para los adultos. Después de trabajar durante muchos años con niños, y de aconsejar a sus progenitores y maestros, he llegado a la conclusión de que es la riqueza interior de una persona lo que determina que ella sepa (o no) amar y reír, resolver conflictos de una manera pacífica, concentrarse para dedicarse por entero a una tarea, y creer en la realización de sus deseos, sueños y metas en la vida.

Alegría de vivir, creatividad y autoestima: lo que necesita el niño para su éxito.

No es una idea nueva. Hoy día muchos entendidos admiten que la personalidad humana es un factor más importante que la inteligencia o la competencia profesional para vivir feliz y tener éxito. Con esto no se pretende afirmar, naturalmente, que no sea necesario aplicarse en la escuela o en los estudios. Aprender es vivir, vivir es aprender.

A veces parece como si tuviéramos cerrado el acceso a ese «tarro» con sus abundantes reservas. Otra persona, llamémosle mentor, tutor o entrenador, puede ayudarnos entonces a despejar esas fuentes, así como a desarrollar una conciencia positiva de la propia valía.

Ese tarro simbólico, esa fuente interior de fuerza que todos tenemos, es el tema central del presente libro. Se trata de tenerlo siempre lleno de fuerza, valor, confianza en uno mismo y alegría de vivir.

La persona en buenas condiciones, pletórica de fuerza, consigue en poco tiempo mucho más que la persona llena de malestar en mucho tiempo.

¿Cómo, que te falta tiempo para leer o para las actividades?

Esto me recuerda el cuento siguiente:

Érase una vez un pescador que salía temprano todas las mañanas para encaminarse hasta la orilla del mar. Una vez allí se sentaba para tratar de atrapar peces con las manos. Como es natural, pescaba muy poco, y empezó a preocuparse. Se propuso redoblar esfuerzos. Cada día se levantaba más temprano, y se quedaba en la orilla hasta el anochecer. ¡Pero nunca lograba llevar a casa pescado suficiente! No alcanzaba ni para él mismo, ni mucho menos para su familia. Cierto día que estaba sentado en la playa poniendo cara de preocupación se le acercó un caminante. Éste se quedó un rato contemplando la extraña actividad del pescador, y luego le dijo:

–Escucha, buen hombre. Lo que tú necesitas es una caña, un sedal, un anzuelo y un cebo. Acompáñame y te enseñaré a fabricar un anzuelo y cómo usarlo. ¡Así te resultará mucho más fácil la pesca!

Pero el pescador no le escuchaba. Ni siquiera se volvió a mirarle mientras replicaba:

–No tengo tiempo para eso. ¡He de quedarme aquí pescando!

Ahora podríamos ponernos entre todos a deliberar qué final ha de tener este cuento. A lo mejor, algún día el pescador tendrá que admitir que tal como él lo hace nunca llegará a pescar lo suficiente, por mucho que se esfuerce y por más que le dedique a la pesca todo el día. A lo mejor, si tiene suerte, pasará otra vez por allí el caminante, y querrá enseñarle cómo se construye una caña de pescar. O tal vez pase por allí otro pescador y le enseñe a tejer una red. De todas maneras, una cosa es cierta: el pescador debe avenirse a aprender algo nuevo... o de lo contrario él y los suyos se morirán de hambre.

Así que ¡manos a la obra!

Una imagen positiva de sí mismo
PARA REFORZAR LA AUTOESTIMA

Los niños siempre andan llenos de preguntas. Son de una curiosidad inagotable para todo lo que les rodea y para consigo mismos. Aprenden constantemente. Y como tienen menos posibilidades de comparar, ellos «creen» lo que nosotros les decimos. De entre las muchas preguntas, quizá las más importantes para él sean las que se refieren a su propia identidad. ¿Quién soy? ¿Qué clase de persona soy? ¿En qué soy bueno? Según las respuestas que reciba, creerá de sí mismo que es «un gallina», o «una chica valiente». Pero si es «un gallina», ¿qué hará el primer día que le toque ir solo a la escuela? ¿Y cómo ha de reaccionar una «chica valiente» si la desafían en el patio, durante el recreo? Es decir, que las respuestas de los adultos a las preguntas infantiles determinan, en fin de cuentas, muchos comportamientos y decisiones, y acarrean consecuencias que se harán sentir hasta la edad adulta.

Los padres son los mejores hipnotizadores

Cuando se le repite a un niño muchas veces que es «un torpe», seguramente acabarán por tumbársele los vasos con más frecuencia que a otros. Dejará caer cosas al suelo, o se dará golpes en la cabeza con las puertas. Tal vez hayas observado o experimentado alguna vez la reacción de la madre cuando la niña de cuatro años, o el niño, se ofrece a ayudar a quitar la mesa. A veces las madres reaccionan con nerviosismo y replican con la voz algo más fuerte y chillona que de costumbre: «... pero ten cuidado, cariño, no vaya a caérsete una taza». O si está todavía más nerviosa, exclamar con un bufido: «... pero ¡pobre de ti si se te cae la taza!». ¿Qué crees que ocurrirá entonces? La posibilidad de que ocurra algo desde luego acaba de subir muchos enteros. Imaginemos ahora que la madre dice sonriendo y mirando con afecto a su vástago: «Sí, cariño, ¡qué bueno eres por ayudarnos! Mira, sujeta bien esta taza no vaya a caérsete y llévala a la cocina». Se nota la diferencia, ¿no?

La colaboración de los pequeños tiene un fundamento curioso. Ellos «creen» en nosotros los adultos, sobre todo en los padres, hasta la edad escolar y más allá. «Los papás lo saben todo. Y si el papá o la mamá dicen que yo soy tal y tal cosa, seguro que tienen razón», podría ser el resumen de la reacción inconsciente de los niños al mensaje que les transmiten sus padres. «Mamá siempre dice que soy tan irresponsable y despreocupado como el tío Federico, ¡debe ser verdad!» «Cuando papá dice que yo soy una mujercita típica y que las mujeres no entendemos de números, ¡seguramente tiene razón!» «Cuando todo el mundo dice que somos unos gordinflones, y que es una herencia de la familia, ¡qué le vamos a hacer! ¡No tengo remedio!»

Todos hemos sido programados en nuestra infancia mediante mensajes.

Cierto que con los años, los hijos se vuelven cada vez más críticos, y además disfrutan de más recursos para averiguar por su cuenta la verdad de nuestras afirmaciones. Pero, cuando eso ocurra, ya estarán en buena medida marcados por las informaciones negativas que venían escuchando acerca de sí mismos. Es casi lo mismo que si los hubiéramos programado adrede. Los niños realizan siempre las expectativas que ponemos en ellos... incluso las negativas.

Si te apetece, reclínate un instante, cierra los ojos y trata de recordar los mensajes que en tu infancia recibiste de tus padres o tus profesores. Pero no olvides recordar tanto los negativos que te hirieron como los positivos que te halagaron e infundieron moral. Tal vez encontrarás frases como:

- Es que no escuchas nunca.
- Eso no se hace.
- Eres un saco de nervios.
- Eres inaguantable.
- Me vas a volver loca.
- Siempre te haces un lío.
- Este niño es un huevón.
- Eres igualita, igualita que tu madre.
- Te has creído que eres algo especial.
- No olvides nunca quién eres y de dónde vienes.
- Tú siempre con los tuyos.
- Si quieres, puedes.

■ Siempre hemos sido una familia de hombres / mujeres fuertes.

■ Donde hay voluntad, también se encuentran los medios.

Si te has avenido a realizar este experimento habrás comprobado quizá que en las situaciones de estrés tendemos a arrojarles a nuestros hijos los mismos mensajes negativos e incluso hirientes que nosotros recibimos en nuestra propia infancia. De esta manera las familias transmiten el concepto negativo de uno mismo durante generaciones. En estas condiciones, es casi seguro que el pequeño Alex llegará a ser tan despreocupado e irresponsable como su tío Federico. No es sólo que dichos mensajes ofendan en el momento de ser pronunciados, sino que su efecto se eterniza en una larga labor de zapa. Por el contrario, los mensajes positivos tienen un efecto curativo y motivante. Hace poco, una amiga mía adulta que acababa de superar con éxito una situación de crisis me contaba lo siguiente:

Las sugestiones tanto positivas como negativas perduran hasta la edad adulta.

–Mi madre, cuando las cosas no marchaban bien, solía decir: «Es cuando crees que has tocado fondo cuando se atisba una lucecita». De alguna manera yo siempre supe que esto también valía para mí. Y así ha sido en efecto, y por eso he tenido fuerzas para resistir.

Naturalmente, pudo decir lo mismo en otras palabras, pero el caso es que también las sugestiones positivas ejercen un efecto duradero, hasta la edad adulta.

Cierto que los padres y los maestros no pueden dejar de reprender a los pequeños. A los niños hay que marcarles unos límites, y necesitan saber que su conducta repercute sobre los demás. Si el comportamiento no es correcto, hay que decírselo así, obviamente. Podríamos decir por ejemplo: «Estás haciendo demasiado ruido, ¿querrías hacernos el favor de hablar un poco más bajo?», o cuando verdaderamente se han pasado de la raya: «Me estás molestando y quiero que ahora mismo dejes de pelearte con tu hermana». Con una actitud firme quedará clara la situación sin necesidad de ofender a la criatura, ya que es el comportamiento lo que se critica y no la personalidad misma. Malo sería decir, por el contrario, «eres un revoltoso y me agotas los nervios», o «eres inaguantable y vas a acabar conmigo», o «¿es que nunca vas a dejar de pelear con todo el mundo?». Las expresiones de este género atacan la identidad del pequeño y dejan una lesión permanente por vía de lo que sugieren, como hemos apuntado antes.

> **Puesto que es inevitable que nuestras expresiones impriman carácter en los pequeños, ¿no será preferible que nos dirijamos deliberadamente a su identidad con declaraciones positivas?**

Cómo «llenar el tarro» de tus hijos

¡Elogios, elogios, elogios! ¿Para qué? Las personas que viven constantemente preocupadas se fijan más en los aspectos negativos y en las dificultades de la vida. Esto también se aplica a la relación de los padres con sus hijos. De pronto resulta que únicamente nos fijamos en lo negativo. Así se presentan situaciones como ésta: Dos madres están comentando las dificultades escolares de sus niños y una de ellas dice:

Centrarse en los puntos fuertes de los pequeños, no en sus defectos.

–Es que el mío es demasiado inquieto. No consigue concentrarse.

A lo que asiente la otra:

–Sí, conozco el caso. ¡Fíjate!

Y como para corroborar sus palabras, le enseña a su amiga un trozo de papel en el que hay unos palotes que dicen: «Qerida mama puedes segir dormida qe io hire a la panaderia.»

–¿No es terrible? –y la otra asiente a su vez y suspira:

–¡Qué le vamos a hacer!

El ejemplo anterior es una conversación real que escuché hace poco y que puede servir de modelo para otras muchas situaciones parecidas. A veces los niños están presentes y lo oyen todo mientras los mayores tienen ese tipo de diálogos. No hay más que fijarse en la postura corporal y la expresión facial de los pequeños, para comprender que esas manifestaciones resultan ofensivas. Tenemos ahí que un crío del primer curso de la escuela elemental le ha escrito una cariñosa nota a su madre, ¡y ella sólo se fija en las faltas de ortografía! Seguro que la madre se alegró de la buena intención del pequeño, pero podemos dudar de que se acordase de darle las gracias.

Las palabras son como semillas que crecen poco a poco y finalmente se convierten en plantas y más tarde en robustos árboles. Por eso es tan importante saber utilizar los elogios con discreción, a fin de sembrar intencionadamente la semilla positiva, y de cultivar la autoestima para que crezca y se haga fuerte.

Ese chico, es verdad, anda flojo en lengua y ortografía. Habrá que hacer algo.

Ese mismo chico, evidentemente, es un muchacho bien dispuesto, que quiere ayudar a su madre. Eso hay que cultivarlo porque es un don maravilloso y que no abunda.

Por desgracia, muchas veces los progenitores andan tan atentos a arrancar las malas hierbas (aquí las faltas de ortografía), que olvidan regar las flores más hermosas (el buen carácter del chico), por lo que podría suceder que se agostasen. Y entonces, la conversación entre esas mismas madres de esos muchachos habría tomado, quizás, el rumbo siguiente:

–¡Fíjate en la sorpresa que me dio últimamente! ¡Lee esto!

La amiga lee la carta del pequeño y asiente.

–Sí, hemos tenido suerte con nuestros pequeños. ¡Si vieras cómo cuida de su hermanita el mío! La semana pasada hizo un dibujo para ella y lo colgó al lado de la cuna, ¡tiene mucha maña para eso!

Los chicos lo oyen y sonríen complacidos. Las dos madres menean la cabeza pensando: «En cuanto a lo de las faltas de ortografía, ya aprenderán».

«No estoy pensando en una pizza...»

«No. No estoy pensando en una pizza. No, no estoy pensando en una pizza con queso, salami, champiñones y alcachofas.» Inténtalo alguna vez. Intenta no pensar en una pizza y notarás cómo se te hace la boca agua.

¿Qué ha ocurrido? ¿Acaso el tema no era «no pienses en una pizza»?

A nuestro cerebro la palabra «no» le pasa desapercibida. La atención se centra en «pizza«. Es así, y el ejemplo puede generalizarse a otras muchas situaciones de la vida cotidiana. Supongamos que una persona, a tu lado, se pone a estornudar una y otra vez, inconteniblemente. ¿Qué es lo primero que piensas? «Espero que no se me contagie.» Por eso, la sabiduría popular aconsejaba replicar al primer estornudo: «¡Salud!»

Piensa ahora en los mensajes y las prohibiciones que escuchaste todos los días de tu infancia:

- ¡No hables *tan* fuerte!
- ¡No te muevas *tanto*!
- ¡No comas *tan* despacio!
- ¡No seas *siempre tan* agresiva!, etc.

¿Lo recuerdas? Aun prescindiendo de la circunstancia de que el cerebro infantil tampoco procesa los reiterados *no*, todavía falta decirle a la criatura qué es lo que deseamos que *sí* haga. En cierto modo nos comportamos como el hombre que entra en un bar, deposita tres euros sobre el mostrador y asegura:

–¡No quiero ninguna cerveza!

¿Qué diría el camarero?

–Está bien, el señor no quiere ninguna cerveza. Pues ya dirá el señor lo que quiere.

Se trata de explicarle positivamente al niño qué es lo que pretendemos que haga. Por ejemplo «baja un poco la voz», etc. ¿Y qué le diremos la víspera de un examen importante, o por la mañana antes de salir?

- ¡A ver si no haces tantas faltas como la otra vez!
- No digas tantas tonterías y estáte quieto.
- No veo por qué has de tener tanto miedo.
- Si no sacas el aprobado como mínimo no hace falta que vuelvas por aquí.
- ¡Con tal de que no quedes como la vergüenza de la familia!

¿Te suenan estas frases u otras parecidas, verdad? ¿Qué efecto crees que le causarían a tu hijo? Alguna vez, para variar, podríamos decir cosas como:

- Ya verás cómo lo consigues.
- Has estudiado mucho y todo saldrá bien.
- ¡Ánimo! Saldrás airoso de ésta, como tantas otras veces.

Repitámoslo, es muy importante lo que le dices a tu hijo o hija y cómo se lo dices. A decir verdad, impartir elogios y dar ánimos es de lo más fácil. Acuérdate de premiar siempre, al menos de palabra, todo lo que haga bien. Dale estímulo para que se perfeccione, y cuando lo haya conseguido en algún aspecto, recompénsalo. Sin olvidar los pequeños progresos, los pasos adelante aunque sean cortos. Así es como rellenarás de confianza su «tarro», transmitiéndole una imagen positiva de sí mismo. ¡Quién mejor para hacerlo que los padres, los hipnotizadores y mentores naturales de sus pequeños!

¿Las alabanzas convierten a los hijos en fanfarrones?

Muchas veces los padres temen que el elogio excesivo hará vanidosos y presumidos a sus hijos. De hecho no estamos diciendo que un comportamiento negativo deba premiarse colgándole una etiqueta positiva. Todo consiste en reforzar las cualidades existentes mediante elogios, y encarar los defectos mediante la crítica constructiva. Se puede incluso utilizar el método «sándwich» para envolver una crítica (constructiva) con un elogio. Supongamos, por ejemplo, que tenemos un niño que saca muy buenas calificaciones en una de las materias llamadas secundarias o no «troncales». Porque le gusta y le divierte mucho esa asignatura, sigamos suponiendo. Eso merece una alabanza. Hay que decirle a la criatura que nos hemos dado cuenta de que es capaz de concentrarse, de leer sistemáticamente, de estudiar y de hacer los trabajos. Después de lo cual cabe sugerirle: «¿Te parece que podrías sacar los mismos resultados con la materia Tal? ¿Qué podríamos hacer para que la encontrases interesante y divertida?». De esta manera hacemos de él un colaborador, le recordamos sus puntos fuertes, le manifestamos que todavía tiene algo más que conseguir, y le ofrecemos nuestro apoyo.

A veces los padres elogian poco y critican mucho, incluso en términos hirientes y humillantes para la criatura, porque ellos mismos están «quemados», faltos de energías. El día que te pilles a ti misma diciendo algo por el estilo de «en vez de perder el tiempo con esa materia que no le importa a nadie, valdría más que trataras de mejorar tus calificaciones en la asignatura Tal, si es que no eres demasiado tonto para hacer de ti una persona de provecho», irá siendo hora de que hagas algo por tu propio bien y por tu equilibrio nervioso.

Elogiar no es consentir.

Todo lo que dices de tus hijos o tus alumnos son semillas que caen en terreno fértil, donde arraigan y crecen. Tú eliges si vas a sembrar el trigo de la concentración y el amor al estudio, o la cizaña que es la convicción interior de ser un tonto y un fracasado.

EJERCICIOS

LLEVAR EL TARRO A LA FUENTE DE RENOVADAS FUERZAS

En las actividades que se describirán a continuación los pequeños aprenderán la prospección de sus propias fuentes de energía, con el fin de poder recurrir a ellas cuando las necesiten, por ejemplo en vísperas de una situación de examen o cualquier otro tipo de prueba competitiva.

Es importante comentar antes los ejercicios con los pequeños, a fin de ofrecerles una oportunidad para cambiar impresiones entre sí y con los adultos. Este intercambio prepara y predispone, de hecho, la actividad misma.

Los ejercicios de fantasía empiezan y terminan siempre del mismo modo, por lo que expongo aquí el principio y el final común de todos ellos. Más adelante, cuando encuentres dentro del texto el símbolo que figura al margen sabrás que te remite a esta página. Coloca aquí un índice de lectura.

Comienzo

Poneos cómodos y cerrad los ojos.

Cierra los ojos y respira tranquilamente, con regularidad. Inhala… exhala… Inhala… exhala…

Observa tu respiración cómo va y viene, cómo pasa el aire a los pulmones a través de la boca y de las fosas nasales…

Y hace que al inhalar se levante la barriga, dilatándose, y al exhalar baja y se contrae…

Inhala, la barriga se dilata…

Exhala, la barriga se contrae…

Y ahora…

Desconexión y conclusión

Ahora despréndete poco a poco de tus imágenes interiores.

Respira un poco más hondo ahora, inhala, exhala, inhala, exhala.

Levantaos muy despacio. Bostezad, estiraos. Ahora regresaréis a esta habitación. Abrid los ojos.

Podéis recordarlo todo.

Los textos de trabajo para los ejercicios de relajación y de fantasía suelen comenzar en la forma «vosotros» y una vez los niños han cerrado los ojos pasamos a dirigirnos más personalmente a cada uno de ellos diciendo «tú». En la conclusión nos dirigimos nuevamente al colectivo «vosotros». A muchos niños les resulta más cómodo percibirse como integrantes de un grupo, y no que se les hable de manera individual. Pero con los ojos cerrados consiguen olvidar el grupo, se sueltan y profundizan en su sensibilidad propia. No obstante, cuando leamos el texto para un solo niño lo haremos constantemente en la forma «tú».

Regresa ahora a las páginas 12-14 y relee el resumen general de instrucciones para todas las actividades.

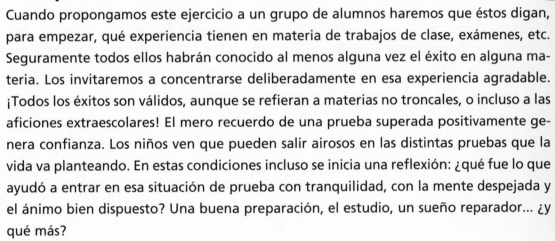

1. Mi padre, mi madre como manantiales de fuerza

Cuando propongamos este ejercicio a un grupo de alumnos haremos que éstos digan, para empezar, qué experiencia tienen en materia de trabajos de clase, exámenes, etc. Seguramente todos ellos habrán conocido al menos alguna vez el éxito en alguna materia. Los invitaremos a concentrarse deliberadamente en esa experiencia agradable. ¡Todos los éxitos son válidos, aunque se refieran a materias no troncales, o incluso a las aficiones extraescolares! El mero recuerdo de una prueba superada positivamente genera confianza. Los niños ven que pueden salir airosos en las distintas pruebas que la vida va planteando. En estas condiciones incluso se inicia una reflexión: ¿qué fue lo que ayudó a entrar en esa situación de prueba con tranquilidad, con la mente despejada y el ánimo bien dispuesto? Una buena preparación, el estudio, un sueño reparador... ¿y qué más?

En este intercambio los alumnos van comprendiendo que es mucho lo que ya saben sin necesidad de explicárselo, y que ellos mismos conocen muchos recursos y trucos para ayudarse a sí mismos.

Ahora daremos un paso más y preguntaremos: ¿Qué hacen o dicen mamá y papá, o tal vez incluso la abuela y el abuelo, para infundir valor y dar ánimos? ¿O qué les gustaría a los niños que dijeran?

¿A lo mejor los progenitores tienen por costumbre decir una frase especial para dar ánimos por la mañana, el mismo día de la prueba?

Cuando los niños hayan recordado cierto número de esos gestos de ánimo o palabras dichas con buena intención, las analizaremos a ver si se encuentra entre ellas alguna frase del tipo «negativo» que hemos visto antes. En cuyo caso haremos una pará-frasis volviéndola en sentido positivo, pero procurando hacerlo con realismo, como si fuesen palabras que realmente pronunciarían los padres en cuestión.

Redefinir las frases «negativas»

Supongamos que el padre ha dicho por la mañana: «En fin, chico, ¡no nos hagas quedar mal, después de haber empollado tanto!».

Esta frase podríamos convertirla así: «En fin, chico, ¡has empollado mucho y seguro que te resultará fácil!».

Incluso cabría añadir imaginariamente un guiño o una palmada en la espalda.

O como el caso de la madre que dice la víspera, a la hora de acostarse: «Que duermas bien y no te preocupes, que todo saldrá como esperamos».

Lo cual replantearíamos como sigue: «Duerme tranquila y ánimo, que todo saldrá bien». Acompañado tal vez de la sugerencia de que le dará para almorzar en la escuela un bocadillo especial, de los que más le gustan.

En último término la finalidad de este intercambio consiste en llegar a establecer para cada criatura la frase personal que se va a usar en el ejercicio siguiente. Si no se encuentra un modo de parafrasear las palabras reales hasta dejarlas totalmente a gusto del pequeño, habrá que inventar otra expresión nueva.

 Comienzo, pasa a la página 26.

Piensa en un trabajo del colegio (un examen, una competición) en que hayas quedado bien. ¿A que fue una sensación agradable? Recuérdala…

Has tenido éxito en una prueba. Tú puedes conseguirlo. Tú eres capaz. Te sientes bien. Respira hondo, disfrutando esa sensación de bienestar…

Imagina la noche / la mañana antes… Piensa en la persona, en tu madre / tu padre, que trata de infundirte ánimos con unas palabras…

Intenta ver a esa persona. ¿Dónde está? ¿Se mantiene más cerca o más lejos de ti?

Imagina que oyes su voz: ¿Habla fuerte o bajo? ¿En qué tono? Dale intencionadamente un tono cariñoso.

Y ahora imagina que dice la frase que tú tienes pensada. La dice una, dos, tres veces…

Ahora estás notando por dentro cómo te tranquilizan estas palabras cariñosas. Estas palabras que te animan, te fortalecen y te motivan.

Nota estas sensaciones positivas. Absórbelas respirando hondo. Fíjate dónde y en qué partes del cuerpo se notan esas sensaciones positivas, tal vez respiras con más desahogo, o tienes una sensación de ligereza en el vientre, etc.

Repite ahora la frase que tienes pensada, pero cambiándola a la forma «yo»: «Yo puedo», «yo lo conseguiré», etc.

Vamos a realizar ahora un viaje imaginario a ese lugar (a la clase donde se va a celebrar el examen, o la competición).

Estás imaginando esa estancia / esa cancha donde va a tener lugar... Tus compañeros de la escuela...

Estás en tu clase, ocupando tu sitio... Imagina que sale el profesor y reparte los trabajos (los cuadernos, las hojas con el cuestionario)...

Entonces dices tu frase tres veces más, sintiendo la fuerza dentro de ti...

Estás imaginando cómo recuerdas tranquilamente todo lo que estudiaste, y te pones a rellenar las hojas y vas a sacar una nota «super»... mejor que nunca...

Sí, ahora puedes dar otro salto al futuro, imagina que anuncian los resultados y que el tuyo es «notable» o «aprobado». Imagina que lo han escrito con tinta roja.

¡Vaya emoción! ¿No es cierto?

Así que ahora...

Conclusión, pasa a la página 26.

Sacad ahora papel y lápiz, o los lápices de colores, y escribiréis vuestra frase especial. Adornadla como más os guste. A continuación recortaréis la frase, la pegaréis sobre una cartulina y durante el ejercicio (examen, competición) la tendréis donde podáis verla en todo momento. Y siempre que empecéis a sentiros un poco nerviosos o excitados, leeréis la ficha que tiene esa frase especial, ¡y os sentiréis enseguida mucho mejor!

A los padres

¿Qué os parecería, si con ocasión de la próxima prueba escolar hablarais a vuestro vástago diciéndole, efectivamente, esa frase especial que él prefiere, la mañana misma o la víspera antes de acostarlo? ¿Y ofrecerle su plato preferido a la hora del almuerzo?

Tan sencillo como parece este ejercicio y cambio de conducta, cuando los padres colaboran se pueden observar auténticos «milagros». Criaturas habitualmente tímidas, asustadas o sobreexcitadas consiguen sobreponerse de pronto, y demostrar que son capaces de recordar con exactitud lo mucho que han estudiado y aprendido.

Por esta razón he descrito la actividad con más detalle y la pongo en primer lugar.

2. Dime, espejito mágico

Este otro ejercicio también sirve para encontrar ideas directrices positivas. En lugar del espejo los niños también pueden imaginar un ordenador muy sabio que les va a dar un buen consejo.

Comienzo, pasa a la página 26.

Imagina que tienes un espejo muy especial.

Parece muy normal y nada extraordinario, pero esconde un secreto. ¡Es un secreto que únicamente lo sabes tú!

Ese espejo es como un amigo para ti. ¡Te levanta el ánimo!

Cada vez que te plantas delante de él y te contemplas la cara, y te miras a los ojos, si tienes alguna preocupación él responde con un destello y entonces aparece en letras luminosas una frase que te tranquiliza y te levanta la moral.

Imagina que estás situada frente al espejo, precisamente...

Estás contemplando tu imagen... mirándote a los ojos...

Y ahora, pídele a tu espejo que te ofrezca un pensamiento positivo para llevar... un pensamiento que te anime...

¿Qué es lo que dice?

(Pausa de uno a tres minutos.)

Ahora iremos soltando poco a poco esa idea de tu espejo...

¡Hoy va a ser un gran día!

¡En cambio la frase te la llevas contigo, naturalmente!

Y ahora respira hondo otra vez, inhala, exhala...

Conclusión, pasa a la página 26.

Hemos descubierto así una frase directriz positiva que puede servir para confeccionar fichas-fuerza que, efectivamente, pueden adherirse al espejo o al monitor.

Dicho sea de paso, es durante las primeras horas de la mañana cuando estamos más receptivos para las ideas positivas.

3. La anémona prodigiosa

En esta actividad ejercitamos la aplicación de las directrices positivas. Un paso previo importante: recopilar junto con los niños frases positivas, y también otras destructivas, que van a servirnos durante el ejercicio.

Comienzo, pasa a la página 26.

Imagina que no estás en esta habitación. Sino en la naturaleza, al aire libre, en un prado.

Sobre tu cabeza, el cielo azul... Luce el sol y notas su calorcillo agradable...

Bajo tus pies, la hierba verde y fresca...

Imagina que das un paseo y que descubres un pequeño lago...

Aunque no tan pequeño que no tenga su embarcadero.

Vas contorneando la orilla, te acercas al embarcadero.

No se ve ninguna barca.

Hay unas flores muy grandes, que flotan en el agua. Son tan grandes que podrías sentarte en una de ellas. Son anémonas gigantes de muchos colores...

Y una de ellas te ha gustado tanto que tienes ganas de sentarte sobre la flor...

¡Y tú te atreves a intentarlo!

«Ánimo. Todo saldrá bien», has pensado.

Ahora das un paso muy largo y estás de pie sobre la flor, que se balancea un poco y por eso tú te apresuras a sentarte.

En efecto, la anémona resiste tu peso y se columpia suavemente en la superficie, y te sustenta como si fuese un colchón neumático.

Y ahora descubres que hay una frase diferente escrita en cada pétalo.

«¡Ay, Dios! ¡Esto tiene que acabar mal!», dice una de ellas.

Rozas ligeramente ese pétalo con el dedo y la anémona empieza a encogerse.

«¡Socorro!», piensas.

Por fortuna, enseguida has visto otra frase en otro de los pétalos, que dice:

«¡Bah! ¡Todo saldrá bien!».

Rápidamente lo tocas con el dedo y no se necesita más para que la flor vuelva a ser un lugar seguro.

Vas tocando los distintos pétalos de la flor. Observa lo que ocurre cuando eliges las frases que te desaniman o incluso te dan miedo...

Observa lo que ocurre cuando tocas las frases que te ayudan y te dan valor.

Haz que la flor aumente y te ofrezca un sustento seguro...

(Pausa de uno a tres minutos.)

Ahora va siendo hora de dejar la flor.

Lo has conseguido. Se ha hecho grande con tus frases positivas, grande y fuerte y capaz de sostener tu peso.

¿A lo mejor has descubierto una frase que te haya gustado más que ninguna?

Regresamos por el embarcadero hacia el prado...

¡Pero te llevas el recuerdo de tu frase, naturalmente!

Y ahora respira hondo. Inhala. Exhala...

 Conclusión, pasa a la página 26.

Con las frases directrices positivas que se hayan ideado quizá podríamos confeccionar fichas-fuerza que hallarán su lugar en el espejo, en la pantalla del ordenador, en la carpeta de los papeles o en alguna pared de la clase.

4. Mi animal-fuerza

La fuerza del oso, la astucia del ratoncillo, la sabiduría del búho, la vista y la libertad del águila... ¿a quién no le gustaría poseer todas estas cosas?

Aquí los niños tendrán la oportunidad de conocer a su animal. Y por medio de éste, nosotros vamos a conocer muchos detalles importantes acerca del niño, porque nos revelará sus secretos, sus puntos fuertes y sus aptitudes.

 Comienzo, pasa a la página 26.

Y ahora verás con el ojo de la imaginación a tu animal...

Contémplalo con veneración y respeto...

¿Cómo es?... ¿En qué medio natural vive?...

¿Qué rasgos más destacados tiene, que le sirven para sobrevivir en su mundo?...

Si entras en el mundo del animal con veneración y respeto, a lo mejor él querrá contarte alguno de sus secretos...

Escúchale, y háblale también de ti mismo...

Cuéntale las cosas que te salen bien, las que sabes hacer mejor...

También puedes pedirle consejo a tu animal-fuerza en algunos casos...

Charla con él. Te sobra tiempo...

(Pausa de uno a tres minutos.)

Ahora, dale las gracias por su ayuda. Podrás volver a ponerte en contacto con tu animal-fuerza siempre que quieras, pero ahora os toca despediros...

Conclusión, pasa a la página 26.

Cuando realizamos esta actividad nunca deja de conmoverme lo mucho que luego tienen para contar los niños. Como se trata de un tipo de fantasía relativamente sencillo puede servir incluso para los más pequeños, ¡y vaya si les gusta! Los consejos que

...a positiva de sí mismo

-fuerza suelen ser sensatos y realizables. Llama la aten-

...imal-fuerza de un niño distraído le aconseje «tener cui-

...ar la calle». A otro niño le recomienda «ser amable» y así

...A otro le dice: «Cuando te propones en serio una cosa, ¡la

...«Si estoy enfadado o triste, que mire al delfín y me pon-

...e, siempre es recomendable tomar nota de estos «recursos

...o que los niños dibujen su animal-fuerza y que escriban en

...e éste les haya contado... siempre y cuando ellos estén de

acuerdo en hacerlo.

Hay otras posibilidades para entrar en contacto con el animal-fuerza. Una de ellas podría ser la de darles a escoger postales u otras ilustraciones consistentes en fotografías de animales. Entonces haremos que cada niño o niña nos diga los motivos de su preferencia. Que miren sus animales largo rato, hasta que sean capaces de evocar la imagen en su fantasía. Y será entonces cuando los invitaremos a entrar en el diálogo imaginario...

5. Mi color-fuerza

Los colores pueden ejercer sobre nosotros determinados efectos. El amarillo excita, el azul favorece la reflexión sosegada, el verde es sedante, el rojo transmite energía. Todas las personas tienen sus colores favoritos, entre otros motivos por el influjo favorable que éstos tienen para ellas. En la actividad siguiente haremos que los niños y niñas descubran su color-fuerza (uno, o varios); a continuación les enseñaremos a usarlos deliberadamente. Supongamos que uno de los pequeños ha manifestado que el color verde le tranquiliza y el amarillo le estimula. Se le podría aconsejar que se pusiera una camiseta verde el día de un examen o prueba escolar, para tomársela con más calma, y una camiseta amarilla cuando vaya a participar en una competición deportiva, por ejemplo.

Comienzo, pasa a la página 26.

Imagina que estás en un prado.

Debajo de ti la hierba verde, fresca, mullida. Arriba, el cielo azul, el sol reluciente que envía un calorcillo agradable.

Y otra cosa más: Un arco iris.

Tú te dices: Qué extraño, ¿un arco iris a pleno sol? Pero no importa. Es maravilloso, espléndido. Y tú te quedas de espaldas sobre la hierba, mirando los bellos colores...

Y entonces ocurre algo extraordinario: el más hermoso de los colores sale del arco iris y baja hacia donde estás tú, hasta envolverte por completo.

Es una sensación fenomenal, quizá como una manta muy esponjosa y muy suave que te envuelve…

O como algodón… o tal vez como un baño de agua caliente…

Y otra cosa más. Ese color irradia una fuerza que te inunda.

Notas esa fuerza en todo tu cuerpo, ¡qué agradable! ¿Podrías describir las agradables sensaciones que te produce?

¿Te tranquiliza… te estimula… te fortalece… te alegra?

Procura recordar la sensación que ha producido esa fuerza dentro de ti.

Y ahora…

 Conclusión, pasa a la página 26.

Aquí también se advierte la conveniencia de pedirles que dibujen una ficha-fuerza en la que se reproduzca con la mayor fidelidad posible el color preferido. Se puede escribir en ella un lema apropiado como «este color me hace feliz» o «este color me da fuerzas».

6. Como un lago de alta montaña: tranquilo y transparente

Este ejercicio se ha evidenciado muy útil en la práctica de la enseñanza, como preparativo de las pruebas escolares. Cuando los escolares hayan desarrollado la actividad varias veces, además de asociar la noción del lago cristalino de montaña con el lema «mi cabeza como un lago de montaña, tranquila y transparente», evocarán sensaciones de tranquilidad y claridad. Una vez llegados a este punto ya no hace falta repetir entero el viaje fantástico: basta invitarlos a sentarse relajados, y que repitan dos o tres veces el lema. Con lo que se «ponen a tono» en cuestión no ya de ocho minutos, sino de dos. La experiencia nos enseña que así tranquilizados y con las cabezas despejadas, los alumnos demuestran más fácilmente lo que han aprendido.

 Comienzo, pasa a la página 26.

Y ahora imagina con tu mirada interior un lago de montaña, un lago formado por la nieve derretida de las cumbres...

Los lagos de montaña suelen ser de aguas muy azules, quietas y profundas. Pero éste parece algo movido, con la superficie por muchas olas pequeñas. Y de esa manera no se puede ver lo que hay en sus profundidades ni en el fondo...

Ni siquiera ves tu propio reflejo en el agua.

¡Ese lago de montaña es el tuyo! La superficie está agitada porque tu mente también lo está, y se mueve inquieta de un lado a otro.

Pero ahora vas a respirar muy despacio, con regularidad. Inhala. Exhala. Inhala. Exhala...

Ahora las olas de la superficie se están aquietando. Las aguas están cada vez más tranquilas...

Ahora sí puedes ver con claridad tu reflejo en la superficie.

Lo mismo que el lago, tu mente y tus ideas se aquietan, se vuelven más claras y tranquilas...

«Mi cabeza como un lago de montaña, tranquila y transparente.»

Repítelo tres veces, pero en voz baja, de manera que únicamente lo oigas tú.

¡Mi cabeza como un lago de montaña, tranquila y transparente!...

Y ahora...

 Conclusión, pasa a la página 26.

Si queréis, podéis dibujar vuestro tranquilo lago de montaña con vuestro reflejo y con esta frase, para que os sirva de ficha-fuerza.

Postura corporal
POSTURA VITAL

El cuerpo no miente. A través de sus actitudes, sus proporciones y su movilidad se manifiesta la persona que lo habita. El cuerpo nos dice algo acerca de la sensibilidad profunda de esa persona. En él leemos la desesperación y el miedo lo mismo que la confianza en uno mismo y la alegría de vivir. Cualquiera que sea la tonalidad del sentimiento, siempre se expresará visiblemente en una determinada manera de andar, de moverse, en las posturas, etc.

El cuerpo es nuestro espejo. La persona desesperada abate la cabeza, le cuelgan sin fuerzas los brazos, camina arrastrando los pies y tiene una respiración superficial, que no oxigena. Esos brazos y esos andares sin fuerzas significan que le resultará virtualmente imposible hacer nada ni ir a ninguna parte. El que baja la cabeza no ve nada más que sus propios pies, sus propios problemas y sus propias sensaciones negativas. A la desesperación inicial se añade ahora un sentimiento de la inutilidad de todo. A veces se cae así en un círculo vicioso, del que resulta muy difícil salir.

Nuestra vida afectiva influye sobre nuestra postura corporal, y viceversa.

La persona segura de sí misma se distingue por sus movimientos rápidos y llenos de empuje. Va con la cabeza alta, atenta a todo cuanto sucede a su alrededor, dispuesta a reaccionar. También es un círculo, pero virtuoso en este caso. La persona en cuestión sale con un largo de ventaja.

Si tenemos en cuenta además que la postura de tórax encogido y hombros caídos hacia delante dificulta el funcionamiento cardíaco, circulatorio y respiratorio, es decir que debilita el organismo directamente, y que por el contrario una actitud erguida estimula dichas funciones y aumenta la vitalidad, no harán falta más argumentos para justificar la conveniencia de vigilar las posturas corporales.

¡Tiene razón Charlie Brown! Por medio de la postura corporal podemos influir sobre nuestro estado de ánimo y la calidad de nuestras operaciones mentales. ¿Existen posturas que estimulen y conforten? Precisamente cuando estamos tristes y deprimidos, el simple hecho de adoptar una actitud erguida puede obrar maravillas.

¿Cómo se te ocurre bajar la cabeza cuando estás con el agua hasta el cuello?

Por tanto, ¡arriba esa cabeza!

EJERCICIOS

LLENAMOS EL TARRO CON LOS ELEMENTOS DE UN ORGANISMO SANO

Posturas y ejercicios corporales

Todas las actitudes corporales reflejan nuestra actitud para con nosotros mismos y nuestra postura frente a la vida. Por tanto, cuando procuramos corregir las posturas corporales al mismo tiempo estamos influyendo en nuestras actitudes interiores, en nuestros pensamientos y sentimientos. Cuando realizamos los estiramientos y relajamos la musculatura por medio de los ejercicios que aquí se proponen a continuación, ponemos en libertad las energías. Se trata precisamente de las que estaba consumiendo el organismo para mantener esas tensiones musculares contraproducentes. O dicho de otra manera, un organismo relajado y distendido tiene mayor reserva de fuerza, más cantidad de energía disponible. Aquí me fundo en que después de estos ejercicios, los alumnos van a sentirse más frescos, más llenos de vitalidad, más fuertes.

No sabemos qué ejercicios y posturas corporales recomendaría Charlie Brown para sentirse mejor. Ahí van éstos, que vienen ser, por decirlo así, el polo opuesto de lo que aconsejaba Charlie en las viñetas.

7. La postura triunfal de Arnie

Colócate en postura erguida. Sin abrir demasiado las piernas, los pies separados más o menos a la anchura de los hombros.

Rodillas flexibles (no dobladas, pero sin ponerlas rígidas tampoco), manteniendo una cierta elasticidad...

El cuerpo erguido verticalmente, los hombros un poco retraídos, la cabeza levantada, la vista dirigida diagonalmente hacia arriba.

Ahora levantas ambos brazos, si quieres, tensando un poco los bíceps, aunque no es imprescindible.

Manténte derecho, simplemente, relajado, los brazos levantados, la mirada hacia arriba...

Notarás cómo te sientes libre, fuerte y ligero en esta postura.

Respira hondo, con tranquilidad, para intensificar esas sensaciones agradables.

Y ahora, ¡trata de imaginar un problema! ¡Comprobarás que te resulta imposible!

Esta postura coincide con el gesto de «victoria» que vemos tantas veces en las competiciones deportivas, por ejemplo cuando un futbolista acaba de marcar un gol y espontáneamente se yergue, mira hacia arriba y levanta ambos brazos.

En este caso es la sensación de triunfo lo que crea la postura de vencedor. Y la postura de vencedor crea la sensación de triunfo. Aquí naturalmente no tratamos de triunfos ni de derrotas, sino de la sensación estimulante que se experimenta al realizar algo o cubrir una meta que uno se había propuesto.

Trucos:

Las fotografías en que aparezcan los mismos alumnos haciendo la postura de la victoria (por ejemplo, en una competición escolar, o haciendo comedia) también sirven para confeccionar una ficha-fuerza. Incluso se puede recurrir al *collage*. Un alumno mío encontró la postura perfecta en un ídolo suyo fotografiado por una revista deportiva. Él recortó la fotografía y sacó una copia. En ésta cambió la cabeza del deportista por la suya propia, recortada de otra foto. Ahora tiene las dos fotografías, la suya y la de su ídolo, en un montaje conjunto.

8.a) Tracción de tórax con 8.b) flexión hacia atrás y 8.c) flexión hacia delante

a) De pie, en actitud relajada, los pies separados aproximadamente a la anchura de las caderas.

Respira tranquilamente, con regularidad, a ser posible siempre por la nariz.

Inhala y lleva ambas manos delante del pecho de manera que las puntas de los dedos se rocen y las palmas miren hacia fuera, sacando los codos hacia los lados.

Al exhalar, estiras los brazos hacia delante, las puntas de los dedos siguen rozándose.

Inhala y lleva los brazos hacia atrás, pasando por los costados; exhala al tiempo que cruzas los dedos a la espalda.

Inhala llevando las manos entrelazadas hacia arriba, por la espalda.

Ésta es la tracción de tórax. Mantén la postura mientras respiras tranquilamente unas seis u ocho veces.

Deja que la tracción lleve los hombros hacia atrás.

Exhala y rompe la postura dejando que las manos se separen y vayan hacia los costados.

De pie, con los ojos cerrados,

¿qué mensaje te transmite ahora tu cuerpo?

La tracción de tórax no agrada a todos. Pero casi siempre

se observa el mismo fenómeno: después de realizarla, al dejar las manos sueltas se nota como si las manos y los brazos quisieran flotar solos hacia arriba.

b) Entras en la postura de la tracción de tórax como se
   ha descrito y la mantienes unos momentos, respirando tranquilamente.

Exhala y, sin deshacer la postura, dóblate hacia atrás.

No dejes que la cabeza caiga hacia atrás, hay que sujetarla con la musculatura del cuello.

En´ caso de notar tensión excesiva en el cuello, o
   cuando la función de la glándula tiroides está
   alterada, se puede abrir la boca pero procurando inhalar y exhalar por la nariz tanto
   como sea posible.

Mantén esta flexión posterior mientras respiras tranquilamente hasta seis u ocho veces.

Por último inhalas, te yergues y pasas a la página siguiente.

c) Al exhalar te inclinas hacia delante, procurando no doblar la espalda. Es decir, flexionando desde las caderas adelante.

Mantener la tracción de tórax.

Si padeces asma no te inclines mucho hacia delante.

Lo principal es permanecer relajado, la respiración tranquila y regular.

¡No importa si no consigues rozar las rodillas con la nariz!

Las rodillas sueltas, elásticas, sin rigidez.

Mantén la postura inclinada mientras respiras tranquilamente unas seis u ocho veces.

Por último, te enderezas al tiempo que inhalas el aire.

De pie, con los ojos cerrados, explora tus sensaciones.

¿Qué mensaje te transmite ahora tu cuerpo?

Repetir todo el ejercicio 8 dos veces más.

Su efecto terapéutico

La tracción de tórax con flexión posterior y anterior mejora precisamente los aspectos más críticos de la postura corporal. Al echar los hombros hacia atrás se corrigen posibles actitudes de lordosis (columna vertebral arqueada hacia delante) con encogimiento de la caja torácica. Las flexiones trabajan la musculatura abdominal y la dorsal a esfuerzo y distensión. El mejoramiento de la postura es integral, ya que también contrarresta la excesiva flexión en «S» de la columna. Es el ejercicio más eficaz que conozco cuando se quiere educar una postura erguida y una respiración profunda.

También es un ejercicio aconsejable como remedio de urgencia para relajar la espalda después de haber permanecido demasiado rato sentados, o cuando el alumno porta una cartera de mano demasiado pesada. Sirve asimismo para combatir el abatimiento de ánimo.

9. La postura en triángulo

De pie, en actitud relajada, separa los pies un metro aproximadamente.

Respira tranquilamente, con regularidad, y a ser posible siempre a través de la nariz.

Inhala y levanta lateralmente ambos brazos hasta la altura de los hombros.

Exhala, consciente del contacto de los pies con el suelo.

Inhala, estira los dedos todavía más hacia fuera.

Exhala al tiempo que te inclinas hacia la derecha y apoyas la mano derecha en la pierna, a la altura de la rodilla.

El brazo izquierdo se eleva, estirado, hasta ponerlo en contacto con la oreja izquierda, la palma de la mano mirando al suelo.

Ésta es la postura del triángulo.

Mantén esta postura mientras respiras tranquilamente de seis a ocho veces.

Inhala, rompe la postura, incorpórate y al tiempo de exhalar inicias la repetición del ejercicio hacia el lado izquierdo.

Finalmente, de pie, cierra los ojos y explora tus sensaciones.

¿Qué mensajes te envía ahora tu cuerpo?

Repite este ejercicio dos veces más a cada lado, si quieres. Si te notas flexible, puedes forzarlo un poco bajando la mano más allá de la rodilla, a la pantorrilla o incluso al tobillo.

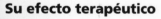

Su efecto terapéutico

Produce un estiramiento corporal general. Después del estiramiento, el organismo quiere y puede respirar con más profundidad. Al mismo tiempo se sueltan los hombros y quedan relajados, libres de tensión muscular, y lo mismo la espalda.

10. La postura del luchador

De pie, en actitud relajada, los pies separados como un metro y medio.

Respira tranquilamente, con regularidad, a ser posible siempre por la nariz.

Inhala, levanta lateralmente los brazos hasta la altura de los hombros.

Exhala, cobra conciencia del contacto con el suelo, gira los pies poco a poco hacia la derecha para adoptar la postura de «un paso adelante».

Inhala, estira los dedos hacia fuera, dirigiendo la mirada al dorso de la mano derecha.

Exhala, flexiona la pierna derecha de manera que la rodilla quede doblada en un ángulo de noventa grados.

En esta postura hay que cuidar sobre todo que no patine el pie retrasado, ahora mismo el izquierdo.

Respira tranquilamente varias veces, manteniendo la postura. Si quieres puedes exhalar el aire a través de la boca.

Inhala, rompe la postura volviendo a la actitud erguida; exhala al tiempo que bajas los brazos.

Junta las piernas, evoca las sensaciones corporales.

Hazlo con los ojos cerrados.

Ahora se repite el ejercicio hacia el lado izquierdo.

Cierra los ojos, estudia las sensaciones que te transmite el cuerpo.

Si quieres, puedes repetir el ejercicio una vez más a cada lado.

Su efecto terapéutico

La postura del luchador requiere un auténtico esfuerzo. Estimula fuertemente la circulación e implica especialmente la musculatura de las piernas. Hay un detalle interesante y es que cuanto más ruidosamente exhalas el aire más profundamente puedes inhalarlo luego, con la consiguiente renovación de fuerzas. La postura guarda relación con la fuerza y la perseverancia, y personalmente es de las que más me gustan.

11. La postura del árbol

Es un ejercicio de equilibrio y como tal, requiere un buen dominio del cuerpo así como concentración y sentido interior del equilibrio.

Hay que estar en equilibrio interior para poder ejecutar cómodamente una postura física de equilibrio. ¡Todo lo que está dentro, también está fuera! En efecto, existe un vínculo directo entre nuestra manera de respirar y nuestro estado emocional. Por ejemplo, cuando estamos excitados o asustados la respiración se acelera. La persona víctima de gran indignación boquea como si le faltase el aire. El que está tenso contiene la respiración. El colérico resopla como un toro. Cuando estamos tranquilos y relajados, ello se traduce en una respiración de ritmo pausado y regular. La respiración y las emociones se influyen mutuamente, y es de notar que no sólo la emotividad modifica la respiración, sino que al influir intencionadamente sobre ésta podemos modular nuestras emociones.

La respiración influye en nuestro equilibrio interior.

Al obligarnos a respirar tranquilamente, tranquilizamos los nervios. Por eso, la primera instrucción para realizar una postura de equilibrio siempre dice: Respira hondo, tranquilamente, con regularidad.

En la postura de equilibrio es necesario, además, concentrarse. Para ello disponemos de un gran recurso, que son los ojos. La mirada nos sirve, literalmente, para «agarrarnos». De ahí que la segunda instrucción de los ejercicios de equilibrio diga siempre: Fija la mirada en un punto situado aproximadamente a la altura de los ojos.

Finalmente, el éxito de la postura depende de nuestro dominio del pensamiento. En lo que también interviene la vista. La persona que está reflexionando desvía la mirada hacia un punto (los movimientos de los ojos indican el estado reflexivo o no de un interlocutor). Para el ejercicio de equilibrio importa, además, que los pensamientos sean «correctos». ¿Qué quiere decir un pensamiento «correcto» en este caso? Aquí es donde intervienen de nuevo las consideraciones que apuntábamos en «No estoy pensando en una pizza...» (página 23), cuando decíamos que el cerebro no interpreta el «no». Por tanto, la idea «no estoy cayéndome» sin duda sería contraproducente y sólo serviría para perder el equilibrio. Hay que acudir a la formulación positiva: «Lo conseguiré», o mejor aún «estoy quieta y en equilibrio porque lo quiero así». Se trata de afirmar la voluntad, y así es como se logra la postura del árbol.

Las tres reglas de una ojeada:

■ Respirar tranquilamente, con regularidad.

■ Fijar la mirada en un punto situado a la altura de los ojos.

■ Pensar «puedo hacerlo» o «estoy consiguiéndolo».

De pie, los pies unidos.

Respira tranquilamente, con regularidad, a ser posible por la nariz.

Carga el peso del cuerpo sobre el pie derecho, para que te sustente.

Fija la mirada en un punto situado a la altura de los ojos.

Inhala, recoge la pierna izquierda y apoya la planta del pie izquierdo en la cara interior del muslo derecho, ayudándote con las manos si hace falta.

Luego llevarás las manos delante del pecho, en actitud de recogimiento.

O las levantas por encima de la cabeza.

Piensa «puedo hacerlo» o cualquier otra idea positiva que te motive.

Respira tranquilamente, con regularidad, y prolonga la postura mientras inhalas y exhalas varias veces.

Deshaz la postura invirtiendo las fases anteriormente descritas, paso a paso.

Cierra los ojos, estudia las sensaciones de tu cuerpo.

¿Qué mensaje te envía?

Repite el ejercicio cambiando de lado.

Su efecto terapéutico

Cualquier ejercicio de equilibrio nos comunica una impresión directa del estado de nuestro equilibrio interior, nuestra capacidad de concentración y nuestro pensamiento positivo. Y viceversa, el ejercicio entrena esas cualidades al mismo tiempo. Vale la pena planteárselo sistemáticamente. En cualquier libro de yoga encontrarás interesantes ampliaciones de lo expuesto aquí.

Postura del árbol combinada con las fichas-fuerza

Una vez los niños sepan su color favorito (ejercicio 4), confeccionaremos una ficha-fuerza que en este caso tendrá la forma circular, con un diámetro de cuatro o cinco centímetros. Este pequeño disco lo fijaremos en la pared a la altura de los ojos. De esta manera los niños, mientras practican la postura del árbol, dirigirán la mirada al mismo para darse estabilidad con la ayuda de su color preferido.

Si además tienen ya definida su «idea directriz positiva» (ejercicio 2), haremos que la repitan para sus adentros durante la actividad.

¡Es digno de verse cómo facilita esta combinación el ejercicio de equilibrio! Al mismo tiempo, este ejercicio transmite para ti y para los pequeños una impresión de la utilidad y la eficacia positiva de las fichas-fuerza.

12. Concentramos todas las fuerzas

Postura de pie.

Las piernas separadas, levantas los brazos en forma de «V»

En este momento pareces una «X» puesta en pie.

Inhala y estira el brazo derecho hacia arriba a la derecha y hacia fuera.

Exhala y cesa el estiramiento pero sin bajar el brazo.

Con la inhalación siguiente estiras el brazo izquierdo hacia arriba y hacia fuera

Y lo sueltas al exhalar el aire.

Ahora en diagonal: Al inhalar estiras hacia fuera el brazo derecho y la pierna izquierda, pero sin levantar el pie del suelo.

Exhalar, soltar.

Repetir lo mismo, ahora con el brazo izquierdo y la pierna derecha.

A continuación, inhalar y estirar hacia fuera las cuatro extremidades al mismo tiempo. Relajarlas al exhalar.

Baja los brazos, siéntate y cierra los ojos.

Apoya las manos sobre el vientre.

Dirige la atención hacia el centro de tu cuerpo mientras imaginas cómo todas las fuerzas centrífugas están regresando.

De esta manera has inaugurado una fuente de energía. Imagina que la fuerza vital irradia desde tu centro y se reparte por todo tu cuerpo, llenándolo de ganas de vivir…

Presta atención a los cambios que se producen en tu cuerpo y que éste te transmite…

(Pausa de unos tres minutos.)

A lo mejor consigues atribuirle un color a esa energía que se está difundiendo por tu cuerpo.

Ahora, despídete de tu fuente de energía…

Conclusión, pasa a la página 26.

Con este color podrás invocar en todo momento nuevas fuerzas, alegría de vivir y ánimos.

Este caso también puede ser buen motivo para que los niños confeccionen una ficha-fuerza.

Su efecto terapéutico

Es un ejercicio muy estimulante y revitalizante. El estiramiento elimina tensiones mediante el alargamiento de tendones y músculos. Con frecuencia, después de practicarlo la cabeza queda más despejada y descansada.

13. La media luna

De pie, los pies juntos.

Inhalar, juntar las manos por encima de la cabeza y unir los pulgares.

Exhalar, inclinación hacia el lado derecho.

La cabeza debe quedar enmarcada entre los brazos.

Respira tranquilamente de seis a ocho veces en esa postura, a ser posible por la nariz.

Inhalar, erguirse retornando a la postura normal, exhalar al tiempo que se realiza la flexión lateral a la izquierda.

Repetimos el mismo ejercicio simétricamente.

Inhalas y vuelves a la postura normal.

Exhalas y dejas caer los brazos. Cierra los ojos y explora tus sensaciones.

Repite el ejercicio una vez más a cada lado.

Su efecto terapéutico

Con la postura de media luna realizamos estiramientos de los costados. Es tónica y relajante para la espalda, los hombros y la nuca.

14. Gimnasia de letras

Los ejercicios 12 y 13 recuerdan las letras «X» y «C». Que los niños ensayen otras letras del alfabeto, de uno en uno o formando parejas.

La palabra «ICH» (YO en alemán) podría presentar este aspecto:

I   C   H

El punto de la «i» está muy alto, así que procura estirarte mucho hacia arriba.

También puedes inclinarte al otro lado, si te gusta.

Si quieres también puedes inclinarte hacia delante y hacia atrás.

Que cada niño intente deletrear su nombre por medio de posturas corporales. Para algunas letras harán falta dos niños, y hasta quizá tres.

15. Masaje con percusión

Podéis quedaros sentados en las sillas. Como vamos a empezar por los pies, tendréis que quitaros los zapatos.

Amasad y pellizcad primero el pie derecho, a fondo. Sin olvidar la planta, ni los cinco dedos...

Cuando el pie derecho se note bien caliente y cómodo pasamos a la pierna percutiendo sucesivamente la pantorrilla, la rodilla y el muslo con las palmas de las manos...

Seguidamente se repite con el pie izquierdo y la pierna izquierda...

Hecho esto pasamos a las manos. Para empezar una mano dará masaje a la otra. Por ejemplo, la izquierda a la derecha, amasando también los cinco dedos, uno a uno...

A continuación hay que percutir con la palma de la mano izquierda sobre el brazo derecho desde la muñeca hasta casi el hombro...

Hacemos luego lo mismo cambiando de lado...

Y luego continuamos con los hombros, que amasaremos y percutiremos.

Cuando hayáis terminado, sencillamente cerráis los ojos y os dedicáis a explorar vuestras sensaciones.

¿Qué mensajes os envía vuestro cuerpo?

¿En qué manera el hecho de calentar y tonificar la musculatura influye sobre los pensamientos?

Su efecto terapéutico

Este ejercicio es tonificante y estimulante. Conduce a una mejor percepción del propio cuerpo, mejora el riego sanguíneo y relaja la musculatura.

EJERCICIOS DE RESPIRACIÓN

¡Respirar es vivir! Una dificultad en la respiración es una merma de la alegría de vivir, del dinamismo, del interés, de la atención y la energía vital, todo lo cual necesitamos para estudiar y para asimilar y superar las nuevas impresiones y experiencias.

El pasar largas horas sentados usando sillas, mesas y pupitres que no se adaptan a las diferentes estaturas de los niños fomenta vicios de postura, con las espaldas encorvadas y la respiración deprimida. Las consecuencias son: nerviosismo, falta de concentración y otros trastornos negativos del estado general de salud.

Como ya hemos visto (ejercicio 5, la postura del árbol), la calidad de la respiración además de influir sobre la salud física guarda una relación estrecha con la actividad mental en sus vertientes de sensibilidad y pensamiento: una respiración tranquila y regular confiere estabilidad emocional y favorece el estudio.

En todos los ejercicios descritos anteriormente se ha practicado una disciplina de la respiración y así han servido para educarla. Por otra parte, hemos realizado estiramientos y hemos aprendido a eliminar tensiones musculares. El organismo así liberado quiere y puede respirar profundamente, con lo que se optimiza el aporte de oxígeno.

A continuación, tres ejercicios respiratorios que redondean el panorama.

16. Fauces de león

Siéntate en postura relajada, pero con el cuerpo erguido, y cierra los ojos.

De momento te limitas a fijarte en tu propia respiración, cómo va y viene.

Observa asimismo si llega hasta el abdomen como si éste también se llenase de aire…

Y ahora, en realidad, no tienes más que concentrarte con intensidad para provocar el reflejo del bostezo.

Concédete un bostezo bestial, en voz alta y con la boca tan abierta como quieras.

Observa cómo al bostezar se dilata la cavidad bucal como si fuese las fauces de un león, y al mismo tiempo se profundiza la respiración abdominal…

¡Bosteza! ¡Bosteza! ¡Bosteza!

Disfruta estirándote todo lo que quieras al mismo tiempo…

Su efecto terapéutico

La eficacia del bostezo consiste en distender y liberar el diafragma (importante múscu-lo respiratorio que se halla debajo del corazón y los pulmones). La actividad equilibra-da del diafragma tonifica, y nos transmite la sensación de estar respirando correcta-mente.

17. Respiración alternada por la nariz

(Difícil, por consiguiente reservado a los niños de ocho años o más.)

Siéntate en una postura cómoda, distendida pero con la espalda recta, a fin de per-mitir una respiración suelta, sin nada que la estorbe.

Utiliza el pulgar y el índice de la mano derecha para tapar alternativamente el ori-ficio derecho de la nariz o el izquierdo.

Cierra con el pulgar el orificio nasal derecho, de manera que respires exclusivamen-te por el orificio izquierdo…

Exhala por el orificio nasal izquierdo…

Inhala por el orificio nasal izquierdo…

A continuación cierras con el índice el orificio nasal izquierdo.

Exhala por el orificio nasal derecho…

Inhala por el orificio nasal derecho…

Ahora el dedo pulgar vuelve a cerrar el orificio nasal derecho.

De esta manera irás respirando alternativamente por un solo orificio de la nariz.

Si quieres puedes cerrar los ojos al hacerlo, ya que debes concentrarte en la respira-ción y nada más.

Procura no contener la respiración en ningún momento, ésta debe discurrir com-pletamente libre y tranquila.

El ejercicio se termina exhalando a través del orificio nasal izquierdo.

Respira un par de veces más, sosegadamente, de la manera normal, mientras ex-ploras tus sensaciones con los ojos cerrados. Finalmente, abre los ojos.

Su efecto terapéutico

Este ejercicio de respiración armoniza todo el organismo, así como los pensamientos y las sensaciones. No hay que contener la respiración en ningún momento, sino respirar siempre de manera tranquila y profunda.

18. Hacer de aitzkolari

¿Enfadado por algo? ¿Intranquilo? ¿Estresado? Es mejor desahogar la presión interna antes de que se exprese en forma de agresividad o violencia con los demás, o dejar que le devore a uno mismo. Así que vamos a librarnos de ella, ayudándonos con la idea de hacer leña y convertir un tronco en astillas.

> De pie, con las piernas bien separadas. Observemos si hay separación suficiente con respecto a los demás niños y a los objetos de la habitación, como sillas o mesas.
> Imagina que estás de pie sobre un grueso tronco…
> Junta las manos como si estuvieran sujetando el mango de un hacha.
> Inhala, levanta el hacha sobre tu cabeza…
> Exhala y descarga el hachazo sobre el tronco
> (con impulso, llevando la parte superior del cuerpo y los brazos hacia delante y hacia abajo).
> Al mismo tiempo gritarás con toda la fuerza de tus pulmones: «¡Ya!».
> Con ese «¡ya!» te libras de toda la cólera y toda la tensión.
> Si quieres, sigue cortando el tronco, viendo cómo saltan las astillas.
> Se recomienda un total de tres a cinco repeticiones.
> Cierra tranquilamente los ojos para explorar tus sensaciones.

Su efecto terapéutico

El ejercicio de cortar troncos es una válvula de escape ideal para las tensiones, la fatiga y el estrés. La exclamación debe ser enérgica, como subiendo desde el vientre, para soltar tensiones y poder respirar de manera más profunda

EJERCICIOS DE RELAJACIÓN

Sencillamente tumbarse, cerrar los ojos y descansar: ¡ojalá fuese siempre tan fácil! Por lo general será recomendable realizar previamente dos o tres (o más) ejercicios corporales y de respiración (7 a 18, descritos en los apartados anteriores), al objeto de desahogar las energías estancadas y reducir tensiones, para entrar finalmente en un ejercicio de relajación completa.

19. «Palmear» los ojos

Sentado en postura tranquila, la espalda erguida, une las palmas de las manos y frótatelas con fuerza hasta calentarlas, mejor dicho, hasta que casi te arda la piel.

Cierra ahora los ojos, y ahuecando las palmas de las manos cúbrete los ojos de manera que no pase la luz, pero sin ejercer ninguna presión.

¿Notas el alivio y la relajación que las manos calientes transmiten a los ojos?

Respira tranquilo, relajado, y disfruta esa sensación de descanso de los ojos.

(Pausa de dos o tres minutos.)

Sigue con los ojos cerrados, pero aparta ahora las palmas de las manos y deja que éstas descansen en el regazo.

Al apartar las manos se nota ahora en los ojos una agradable sensación de frescor.

Respira tranquilamente, con regularidad, y trata de imaginar que respiras a través de los ojos cerrados.

Se establece una agradable sensación de frescor y la mente despabila...

Su efecto terapéutico

Con este ejercicio enseñamos a relajar la musculatura ocular y facial, lo que despeja la mente y elimina fatigas y tensiones.

20. Me pongo a descansar

Trucos

Si tu hijo o tus alumnos desconocían anteriormente estos ejercicios, hay que introducir-les muy poco a poco. Basta un minuto, al principio, para llevarlos con cautela a la rela-jación. A los niños de edades entre seis y doce años, especialmente, hay que enseñarles que «este ejercicio tiene un principio y un final». Esto es muy importante para ellos. Una vez hayan efectuado esta observación y aprendido a confiar en ella, y con una o dos prácticas más, podrán entregarse por completo a la experiencia. Entonces alcanzan la relajación profunda y sucede como durante las experiencias oníricas, que el sentido del tiempo se altera y cinco minutos llegan a parecer un breve instante. Pasa a la pági-na 12 para releer lo expuesto allí sobre los viajes fantásticos.

Túmbate cómodamente y cierra los ojos.

Respira por la nariz, tranquilamente, con regularidad. Inhala. Exhala. Inhala. Exhala…

Limítate a observar cómo entra y sale el aire por la nariz.

Quizá lo notes un poco más fresco al inhalar que al exhalar.

Respira muy tranquilamente, con regularidad. Inhala. Exhala. Inhala. Exhala…

Observa cómo pasa el aliento a través de la nariz y la faringe hacia los pulmones, y
   cómo al inhalar sube la barriga, y baja al expulsar el aire…

Descansa las manos sobre la barriga, a la derecha y la izquierda del ombligo.

Limítate a llevar el aire hacia donde están tus manos.

Nota cómo se mueve la barriga bajo tus manos al compás de la respiración…

Al inhalar se alza… al exhalar se encoge…

Las manos acompañan suavemente el movimiento.

Respira con el vientre, tranquilamente, de manera regular.

Al inhalar se alza… al exhalar se encoge…

Y cada vez que exhalas el aire te vas soltando más y más.

Cada vez que exhalas el aire vas entregando tu peso a la tierra.

La tierra te sustenta.

Y entonces repites tres veces esta frase:

«Cierro los ojos y noto la tranquilidad».

Disfruta la sensación de tranquilidad en tu cuerpo.

Ya está. Y ahora vamos regresando poco a poco.

Respira un poco más hondo. Inhala. Exhala. Inhala. Exhala.

Muévete despacio. Bosteza. Estírate todo lo que quieras.

Y ahora estás otra vez en esta habitación y abres los ojos.

Su efecto terapéutico

Este ejercicio produce una relajación y un sosiego reparador. Después de varias repeticiones, la frase «abro los ojos y noto la tranquilidad» queda tan fuertemente asociada con dicha sensación agradable que en caso necesario bastará pronunciarla para obtener el estado de tranquilidad y relajación deseado.

21. La tierra que nos sustenta

Siéntate y ponte cómodo, a ser posible con la espalda recta, relajado pero bien erguido. Puedes apoyar la espalda si te apetece. Pero atención, los pies juntos y bien plantados en el suelo.

Ahora cierra los ojos.

¿Notas el suelo firme debajo de ti?

¿Debajo de las nalgas? (el asiento de la silla, o el suelo)

¿Debajo de las piernas? (en caso de que los niños se hayan sentado en el suelo)

¿Y debajo de los pies?...

Respira tranquilamente, con regularidad. Inhala. Exhala. Inhala. Exhala.

Y cada vez que exhalas tu peso aumenta, y dejas que la tierra te lleve más y más...

Y vas inhalando automáticamente.

Cada vez que exhalas te vas soltando y vas cediendo tu peso a la tierra que te lleva.

Y ahora repite tres veces para tus adentros:

«La tierra me sustenta. Estoy completamente tranquila y relajada / tranquilo y relajado».

Disfruta esa distensión.

Ya está, y ahora vamos regresando poco a poco.

Respira un poco más hondo. Inhala. Exhala. Inhala. Exhala.

Muévete despacio. Bosteza. Estírate todo lo que quieras.

Y ahora estás otra vez en esta habitación y abres los ojos.

Sus efectos terapéuticos

Que nos lleven, o sentir que nos llevan, por ejemplo en brazos, tiene mucho que ver con las sensaciones de seguridad. Cuando me llevan, me siento protegida. Es importante, sobre todo, en situaciones de pruebas o trabajos escolares. El que se siente seguro no tiene miedo, no se le bloquea la memoria, recuerda con seguridad todo lo que aprendió y es capaz de reproducirlo manifestándose libremente. Con un poco de práctica, muchas veces basta con repetirse el lema «la tierra me sustenta» para alcanzar ese agradable estado de tranquilidad y plena posesión de las propias fuerzas.

Recuérdale a tu hijo, o recuérdales a tus alumnos, lo importante que es sentirse seguros, tener los pies bien plantados en tierra. ¡Es tan sencillo! ¡Y eficaz!

22. Como un reloj de arena

Sin duda todos habéis visto alguna vez un reloj de arena, y quizás habréis observado cómo va pasando esa arena finísima de la parte superior a la inferior en forma de chorrito continuo. Cuando tenemos demasiadas ideas en la cabeza al mismo tiempo, nos parecemos a un reloj de arena con la parte superior demasiado revuelta. Es cuestión de llevar esas fuerzas intranquilas hacia la parte inferior, hacia la barriga, y que se vayan colando y desapareciendo.

Sentaos cómodamente,

Respirad tranquilamente, de manera regular, inhalando, exhalando. Inhalando, exhalando…

Ahora encoged los hombros al inhalar, hacia las orejas, y exhalad el aire al tiempo que los bajáis. Otra vez más.

Y ahora cerrad los ojos.

Comienzo, pasa a la página 26.

Imagínate un reloj de arena. Lo estás viendo.

Está relleno de arena coloreada. Esa arena coloreada son los muchos pensamientos que tienes en la cabeza.

Pero lo mismo que en el reloj de arena toda la arena coloreada pasa de arriba abajo, así también tus pensamientos inquietos se cuelan hacia abajo y desaparecen de tu cabeza.

Tienes la mente cada vez más clara.

«A la cuenta de uno, dos, tres: estoy tranquilo, despejado y sin estrés.»

Repite este lema tres veces para tus adentros…

«A la cuenta de uno, dos, tres: estoy tranquilo, despejado y sin estrés.»

Y ahora:

Conclusión, pasa a la página 26.

Su efecto terapéutico

Este ejercicio también es muy adecuado para la jornada escolar. Expresamente indicado para situaciones de nerviosismo (pruebas escolares, o incluso después de una pelea), cuando los alumnos lo hayan practicado un par de veces, sucederá (como en los ejercicios anteriores) que tan pronto como hayan aprendido la idea directriz, «a la cuenta de tres estoy tranquilo y sin estrés», les bastará pronunciarla tres veces con los ojos cerrados para alcanzar las agradables sensaciones de tranquilidad y relajación. Y basta eso para sentirse mejor. El ejercicio no requiere demasiado tiempo ni concentración, por lo que pueden practicarlo también los niños de seis años en adelante.

23. Posavasos de cerveza

Para este ejercicio se necesita una buena cantidad de posavasos, que muchas veces los regalan con la compra en las secciones de bebidas de los grandes supermercados. Antes de empezar crearemos el estado de ánimo conveniente haciendo que los niños se sosieguen mediante uno de los ejercicios corporales de respiración o de relajación.

Uno de los niños se tumba boca abajo, procurando apoyar la cabeza cómodamente, quizá sobre el antebrazo. Le rodean otros seis a ocho niños, cada uno de los cuales dispondrá de diez a quince posavasos. Ahora cada uno de los niños, por turnos, irá colocando un posavasos cada vez sobre el niño que está en el centro. Es importante que se haga todo de manera ordenada y con gestos muy cariñosos y comedidos, ya que sólo así se consigue el efecto relajante. Al final el niño tendido en el suelo habrá quedado recubierto de una «manta» de posavasos. Puede quedarse un rato disfrutando de la sensación antes de destaparse. Una

bonita variante sería acompañar con un buen deseo cada uno de los posavasos que dejamos sobre el compañero.

Este método lo apliqué una vez con una chica que se mareaba y vomitaba durante los viajes largos en autocar. Ella naturalmente deseaba participar en las salidas y excursiones con el resto de la clase, pero temía que le ocurriese lo de otras veces.

Así que nos pusimos todas juntas a pensar un buen deseo que pudiera ser aplicable al caso. Y todas las veces que depositaban un posavasos sobre ella, las compañeras acompañaron la acción con un buen deseo: «Será una excursión formidable», «te sentirás como nunca de bien», «qué bueno que visitaremos el lugar Tal», «te gustará mucho y lo pasarás de fábula», etc.

Si tenemos en cuenta que cada criatura llevaba doce posavasos, resulta que la muchacha oyó setenta y dos buenos deseos... y ello en un estado relajado y de gran receptividad.

Los ejercicios de este tipo tienen gran poder sugestivo.

Ni que decir tiene que las frases con giros negativos están absolutamente contraindicadas para vencer una fobia (véase la página 23).

En este caso concretamente, al terminar le di a la alumna un posavasos y le aconsejé que lo llevara durante la excursión como talismán.

¿Qué ocurrió? ¡Nada! Es decir, ocurrió una cosa muy importante: que por primera vez en su vida, ella pudo viajar sin ponerse enferma; efectivamente fue «una excursión formidable» y «se lo pasó de fábula».

Evidentemente, este sistema también es eficaz para vencer el miedo a los exámenes, los estados de agitación, etc.

Estar plenamente en el mundo
ENTRENAMIENTO DE LA PERCEPCIÓN

**El mundo no es más grande
que la ventana que tú le abres.**

Captar el mundo con todos los sentidos

Son nuestros sentidos los que nos permiten acceder al mundo en que vivimos. Con la vista, el oído, el olfato, el gusto y el tacto captamos lo que nos rodea. Podemos optar por cerrar esa ventana al mundo, pero también hay otra elección: abrirla de par en par, para que entre todo. Cuanto más amplia y consciente sea nuestra percepción del mundo que nos rodea, más idóneas y más variadas serán nuestras reacciones. Abrir el campo de la experiencia sensorial es particularmente importante para los niños, que están empezando a orientarse en el mundo y tienen muchas cosas que notar y aprender. Es la experiencia sensorial la que nos transmite «lo que damos por cierto».

Es un hecho que nuestra percepción constituye nuestra verdad, en cuyo interior vivimos.

Veamos un ejemplo para ilustrar lo que acabamos de decir:

Cinco personas salen juntas para una excursión en bicicleta y a la vuelta nos cuentan qué tal fue.

–¡Ah! ¡Ha sido una excursión estupenda! La comarca es muy bonita y había muchas cosas que ver.

–¡Pché! ¡Yo no diría tanto! Para mi gusto hemos rodado demasiado rato junto a las vías del ferrocarril. ¡Qué estrépito y qué conmoción! Todavía me duelen los oídos. Además, era imposible entenderse.

–¡Pero qué aire tan puro! ¡Por fin, el aire del campo, sin humos de los tubos de escape! Aunque no fuese más que por eso, ha valido la pena.

–Por mí podríamos repetirla cuando queráis. Nunca había visto los zarzales tan cargados de moras. La próxima vez pararemos y llenaré una bolsa para llevármela a casa.

–Sí, podéis repetirla cuando queráis, ¡pero no contéis conmigo! ¡Es demasiado fatigoso para mí! Traigo la ropa empapada de sudor, me duele el trasero y mañana tendré agujetas, ¡seguro!

Cada uno de los cinco excursionistas juzga la salida acudiendo a criterios diferentes. Para el primero, lo más importante es la vista. Si el panorama es bonito, la excursión ha sido un éxito y el mundo está en orden. El otro juzga por el oído, el tercero por el olfato y el cuarto por el gusto. El último presta atención a las sensaciones corporales y eso es lo que determina su opinión. Naturalmente, todos ven, oyen, huelen, saborean y palpan, pero en cada uno de ellos predomina más un sentido que otros.

En este ejemplo las diferencias no eran tan graves y no importa mucho que algunos tuvieran impresiones diferentes. En otras situaciones, sin embargo, esa circunstancia puede originar equívocos serios y diferencias de opinión. El uno ha visto tal cosa y el otro ha oído tal otra, ¿quién de los dos tiene razón? La respuesta es: Los dos, seguramente.

¿Qué nos enseña eso? Desde el punto de vista de «multiplicar las posibilidades de percepción», desde luego interesa abrir todas las ventanas. Es evidente que no siempre será posible activar todos los sentidos a la vez. Recibiríamos tantos estímulos que no nos sería posible procesarlos y asimilarlos. Por eso hacemos siempre una selección (consciente o inconsciente); pero el número de posibilidades antes de la selección sólo depende de nosotros.

EJERCICIOS

EL TARRO LLENO CON LOS CINCO SENTIDOS

A los ojos, los oídos y el tacto de la piel les corresponde un noventa y cinco por ciento, aproximadamente, de nuestra percepción sensorial. En comparación, el olfato y el gusto quedan relegados a un papel secundario, aunque naturalmente cobran mucha importancia en determinadas situaciones. De ahí que existan expresiones como «oler que apesta» un asunto, «estar en un momento dulce» un artista, «pasar un trago amargo» una persona, «no ser plato del gusto de todos» una cosa, ser alguien «muy resalao» (o por el contrario, «un desaborío»), etc.

Podemos dirigir nuestras percepciones al exterior o al interior.

En el capítulo primero, al referirnos a la imagen positiva de uno mismo, recurríamos sobre todo a las metáforas visuales y auditivas. En los ejercicios se trataba sobre todo de interiorizar percepciones vistas y escuchadas. En el segundo capítulo subrayábamos la importancia de hacer un alto después de cada ejercicio para explorar las sensaciones corporales. Prestar atención a las imágenes interiores, escucharse uno mismo, atender a las sensaciones propioceptivas, es percibirse a sí mismo. Y cuanto mejor y de manera más completa lo hagamos, más realista será el concepto que tendremos de nosotros mismos y mayor la seguridad de nuestras reacciones ante el mundo exterior.

En los ejercicios siguientes tratamos de la percepción exterior, y procuraremos descubrir al mismo tiempo nuestros puntos fuertes. Algunas personas tienen un fuerte predominio de la percepción visual, otras son más bien del tipo auditivo, y también hay quienes tienen excelente percepción kinestésica (que incluye el tacto, el olfato y el gusto). Evidentemente cualquier persona no impedida está en condiciones de percibir con todos sus sentidos, pero siempre destaca más el uno o el otro.

El dado selector

Los ejercicios siguientes ayudarán a descubrir dónde se hallan los puntos fuertes y también los defectos de la percepción. Dicho sea de paso, estos ejercicios, o quizá sería mejor llamarlos «juegos», son divertidos además de servir para agudizar sistemáticamente los sentidos. Son idóneos para practicarlos en grupos de cinco o seis.

Recordaré una vez más que la finalidad de estos ejercicios consiste en pulir y mejorar especialmente los canales de la percepción (o lo que hemos denominado nuestras «ventanas» al mundo) menos desarrollados, ello con objeto de enriquecer las posibilidades de elección. Los niños lo mismo que los adultos tienden a repetir más aquello que saben hacer mejor, ya que esa táctica incrementa las probabilidades de éxito. Y la experiencia del éxito es halagadora y suele merecer el elogio ajeno. El niño que tiene muy buen oído, por ejemplo, pero no tan desarrollada la vista en tanto que órgano de percepción y orientación, seguramente se inclinará hacia los ejercicios y pasatiempos de tipo auditivo, evitando los de otros géneros. Para inducir a los niños y que practiquen los ejercicios para ellos más difíciles, en mis grupos utilizo un dado, lo cual contribuye también a resaltar el aspecto lúdico de la actividad. Se trata de un simple cubito de madera sin marcas. Según cuál sea la percepción individual del pequeño, marcaremos el dado de diferentes maneras. Supongamos que se trata de trabajar sobre tres tipos de percepción. El dado tiene seis caras, cada una de las cuales irá provista de un punto de diferente color. El azul designará la percepción visual («ojos azules»), el rojo la auditiva («orejas coloradas») y el blanco la kinestésica («guante blanco»).

Hay que provocar los juegos ofreciéndoles «desafíos» a los niños.

Dos alumnos míos, Max y Nadine, servirán de ejemplo en cuanto a la manera de configurar el dado:

Max tiene muy buena vista y excelente sentido de la orientación visual. En las pruebas y los ejercicios visuales siempre queda entre los primeros. El tacto también le funciona bien, pero en lo que depende de los oídos tiene bastantes dificultades. Es evidente, por tanto, que necesita entrenar y mejorar el oído. Entendámonos, no es que Max sea sordo, ni duro de oído. Oye con normalidad, lo que pasa es que no asimila lo escuchado con tanta agudeza como lo que ve y toca. Pintaremos tres caras del dado de Max con un círculo rojo (el oído), dos caras con un círculo blanco (las manos) y la última cara con un círculo azul (la vista). De manera que, cuando él eche el dado, la probabilidad de sacar un punto rojo sea tres veces mayor que la de sacar un punto azul. Que es lo que conviene en este caso, porque el punto rojo significa que va a tener la oportunidad de elegir un juego centrado en la percepción a través del oído. Naturalmente la presencia de los puntos blancos y del azul todavía deja un margen al azar, y el chico podrá variar de juego. Con esto se quiere conservar el elemento lúdico y el interés por los juegos, aunque al principio no van a comunicar muchas experiencias de éxito.

Así se pinta y se utiliza el dado.

En cambio Nadine es muy habladora y se orienta magníficamente por medio del oído. También tiene un buen sentido del tacto, pero cuando se le solicitan percepciones visuales se nota que tiene un problema. El dado confeccionado para ella podría tener cuatro caras con un punto azul (ojos), una con un punto rojo (oídos) y otra con un punto blanco (manos). Al usar este dado se le propondrán más a menudo los ejercicios y los juegos de tipo visual.

Como es natural, estos dados tendrán que ser actualizados de vez en cuando, para adaptar las proporciones a los progresos que realice cada niño.

ABRIR LOS OJOS: LA PERCEPCIÓN VISUAL

24. Museo de figuras

Uno de los niños vuelve la espalda a los demás. Éstos (cinco o seis como máximo) se alinean separados tres o cuatro metros. Cada niño adopta una postura diferente. Por ejemplo, el uno de pie sobre una sola pierna, el otro haciendo la figura de una «X», el otro sentado en el suelo, o vuelto de espaldas al espectador. Cuanto más diferentes y más ingeniosas las posturas, mejor.

Cuando todos hayan adoptado la suya, el niño que hace de espectador se volverá y contaremos tres segundos mientras él mira y procura memorizar las diferentes posturas. Luego se volverá otra vez y tratará de describir sin mirar cómo se ha colocado cada uno de sus compañeros.

Seguro que cometerá algún error de vez en cuando. Por último, y antes de dar por terminado el ejercicio, dejaremos que mire las posturas otra vez.

Los participantes se van turnando para que les toque a todos.

25. «Veo, veo...»

Todos los niños traen diferentes objetos (cazo, caramelo, goma de borrar, etc.); lo ideal sería llegar a reunir unos 20 o 30 objetos distintos. Los alineamos en un lugar visible y de manera que puedan cubrirse con un mantel o una manta.

Se repartirá entre los niños papel y lápices.

El ejercicio consiste en aprenderse de memoria todos los objetos. A continuación desaparecerán debajo de la manta y concederemos tres minutos de tiempo para que los pequeños escriban los nombres de los que recuerden. Por último, los descubrimos de nuevo y, si se quiere, podemos averiguar quién ha sido el ganador.

26. Combinación

Nuevamente se trata de reunir varios objetos, con los cuales formaremos una disposición, de modo que parezcan una cara, una casa o cualquier otra figura reconocible. Se les concede a los niños un minuto de tiempo para que la vean y, al mismo tiempo, traten de recordar en qué lugar está colocada cada cosa.

Luego les invitamos a cerrar los ojos y en ese intervalo cambiamos algún detalle de la figura. Por ejemplo, retirando uno de los objetos, o permutando dos o tres de ellos, pero debe hacerse de manera que no se estropee la figura en sí. Que los niños escriban la solución, o que se proclame ganador el primero que la adivine.

27. Mi tarjeta es...

Que los niños saquen al azar tarjetas postales con fotografía y las estudien con atención. Seguidamente, cada uno tendrá que contestar a las preguntas de los demás: «¿qué hay abajo a la derecha?», «¿de qué color son las flores del fondo?», etc. Así cada niño será invitado a fijarse bien en su tarjeta y memorizar hasta los menores detalles.

28. ¿Quién es el jefe?

Los pequeños se sientan formando un círculo y uno de ellos sale de la habitación. En su ausencia se nombra a un «jefe». Éste hará toda clase de ademanes y posturas (por ejemplo rascarse la nariz, o sentarse de una manera determinada, etc.), que los demás deberán imitar lo mejor que puedan. El niño que antes salió de la habitación se quedará mirando, ya que la finalidad del juego consiste en adivinar quién es el jefe.

En una variante se permitirá que el «jefe» emita, además, sonidos (por ejemplo carraspear, toser, etc.).

Óyeme bien: la percepción Auditiva

29. ¿Quién ha sido?

Cinco o seis niños (como máximo) forman un corro y caminan lentamente alrededor de otro colocado en el centro. Cuando éste lo solicite (mediante una seña con la mano, o un contacto visual, por ejemplo) los niños emitirán uno a uno determinado ruido, o vocalización. ¡Pero de uno en uno!, esto es importante. El que está en el centro tratará de recordar a quién corresponde cada uno de los sonidos. Luego le vendamos los ojos, y los demás niños repetirán de uno en uno «su» sonido correspondiente, para que el compañero diga el nombre adivinando quién es. Para terminar y antes de dar por concluido el ejercicio repetirán la vocalización a fin de comprobar la exactitud del recuerdo.

Los participantes van turnándose para que les toque a todos.

30. Adivinar ruidos

Uno de los niños, o una persona adulta, ofrecerá al grupo 20 ruidos diferentes, o más. Se le conceden al grupo tres minutos para recordarlos todos y anotarlos, a ver quién escribe la lista más larga.

31. Reclamo

Los niños forman parejas y se ponen de acuerdo para identificarse mutuamente por medio de un ruido determinado (tambor, llavero, palmada) o una onomatopeya («mu», «miau», «pío», etc.). Luego se le vendan los ojos a un miembro de cada pareja para que el otro lo conduzca en un recorrido por la habitación.

Para aumentar la dificultad se puede hacer que el recorrido sea un laberinto dibujado en el suelo y con obstáculos.

32. Tormenta

Los pequeños forman un corro, de pie o sentados. Uno de ellos, o un adulto, dirige la secuencia de sonidos. Para empezar se frota las manos: «¡Está empezando a llover!». Los niños emularán la acción uno tras otro, en el sentido de las agujas del reloj; una vez empezada continuarán con ella hasta nueva orden, de modo que cuando se haya completado el corro todos estarán frotándose las manos al mismo tiempo. Ahora el director del juego introduce un cambio chasqueando los dedos y diciendo: «¡Están cayendo gotas gordas!». El chaparrón se propagará asimismo en el sentido de las agujas del reloj hasta que todos hayan dejado de frotarse las manos y se hayan puesto a chasquear los dedos. La ronda siguiente será darse palmadas en los muslos: «¡Esto es un chaparrón!». A continuación patearán el suelo para simular «truenos y relámpagos». Cuando todos estén pateando el suelo con fuerza, iniciaremos la secuencia inversa (dar palmadas con las manos sobre los muslos, chasquear los dedos, frotarse las manos) hasta que retorne la calma.

Podemos introducir aquí una pausa para que los niños experimenten el efecto de la calma.

Para profundizar en este juego, lo haremos con los ojos cerrados. De esta manera tendrán que aguzar el oído para adivinar qué sonido les toca al llegarle a cada uno el turno.

Es una actividad muy movida, por lo que suele gustar mucho y además sirve para desahogar tensiones.

33. La entonación hace la música

Se llama a los niños por su nombre, pero pronunciándolos la primera vez como si se tratase de llamar a un animal asustadizo. A continuación, con voz fuerte y amenazadora. Luego, en tono de advertencia. Lo mejor será que el grupo convenga de antemano qué es lo que se va a expresar al escuchar la entonación (alegría, miedo, sorpresa), y... ¡adelante!

TOCA, TOCA: LA PERCEPCIÓN KINESTÉSICA

34. ¿A quién pertenece esa mano?

Los niños (cinco o seis como máximo) forman un corro. Uno de ellos se coloca en el centro. El resto se acerca despacio hacia el que está en el centro, y le dan la mano sin decir palabra. Aquel a quien le toque tratará de recordar cómo da la mano cada uno de sus compañeros. Luego se le vendan los ojos y los demás repiten la acción uno a uno, para que su compañero adivine el nombre de quien le da la mano. Finalmente y antes de dar por terminado el juego, le darán las manos otra vez para ofrecerle la oportunidad de tocar viendo.

Los participantes irán turnándose hasta que les haya tocado a todos.

35. ¿Qué es esto?

En un saco adecuado (una funda de almohada, una bolsa de tela) guardamos varios objetos diferentes, una veintena por lo menos. Hacemos que los niños introduzcan la mano en el saco y los toquen, y les daremos tres minutos para anotar los que recuerden.

36. Tubos de órgano

Se invita a uno de los participantes a que cierre los ojos y, manteniéndolos cerrados, el juego consiste en tocar a los demás niños para determinar quiénes son más altos, o más bajos, comparados con la propia estatura del niño al que le ha tocado la vez. Finalmente hay que colocarlos todos por orden de estatura, el más bajo en un extremo y el más alto en el otro, como los tubos de un órgano.

37. Escritura secreta

Con el dedo, uno de los niños «pinta» en la espalda de otro una figura, una cifra o una palabra, que el sujeto pasivo deberá adivinar.

38. Saliendo de aventura con las manos

El juego siguiente es para dos personas, aunque también pueden participar tres si conviene para que nadie se sienta excluido. Sentados el uno frente al otro, cierran los ojos e interpretan con las manos esta aventura (que, naturalmente, puede modificarse a medida que pase el tiempo).

«Imagina que tus manos salen de paseo. Y ahora se encuentran con otras manos. Ellas se saludan... lo celebran... y deciden proseguir juntas el paseo. Escalan una montaña... y cuando llegan a la cumbre se quedan un rato a disfrutar de la vista... A continuación emprenden el descenso... Ahora el camino pasa por un bosque... Es una arboleda bastante espesa, y entra tan poca luz que les da un poco de miedo... Menos mal que van en grupo... Pero de repente... ¿qué ha sido eso? Se ha escuchado un ruido... Les entra el pánico y huyen corriendo del bosque para regresar a casa... Cuando están cerca se despiden y se van cada una por su camino.

39. Correo mudo, tres variantes

A lo mejor recuerdas este juego de tu propia infancia. Las variantes tienden a cubrir cada una de las áreas de percepción.

Visual

Los niños se sientan formando un corro. Uno de ellos hace una mueca y se vuelve hacia su vecino de la derecha. Éste se fija en la mueca para volverse a su vez hacia el vecino de la derecha y reproducirla, y así sucesivamente hasta recorrer toda la rueda.

Auditiva

En vez de una mueca se transmite un palabra o una frase dicha en voz baja al oído.

Kinestésica

Se transmite por la rueda una determinada manera de tocar (el codo, por ejemplo), o de dar la mano.

Estos juegos tan sencillos resultan, sin embargo, muy divertidos para los niños. Entre risas y bromas vamos educando los sentidos.

40. Espejo mágico II

Cada niño o niña elige pareja.

Sentados o de pie, frente a frente.

Uno de los dos empieza a mover el cuerpo, muy despacio.

El otro es el espejo, que debe emular todos sus movimientos.

Todo ello en silencio absoluto.

Este ejercicio parece sencillo, pero los niños lo realizan con mucho entusiasmo y perseverancia, y además les produce un bienestar notable. Es útil poner música de tipo meditativo. Como es frecuente que falten ideas al principio, puede iniciarse la sesión proponiendo algunos movimientos de tipo meditativo y haciendo que el grupo entero sea nuestro «espejo mágico».

Cuando los niños hayan adquirido un poco de práctica, podremos poner a dos o más que sigan los movimientos iniciados por otro. La actividad es tanto más difícil cuanto mayor el número de participantes. En mis sesiones, cuando estimo que todos se han familiarizado suficientemente con el juego tengo por costumbre «dejarlos solos» y quedarme como espectadora. Llega un momento en que no se distingue quién está imitando a quién.

Este ejercicio activa todos los sentidos, con intervención de percepciones visuales, auditivas y kinestésicas.

Para una variante más difícil tenemos el **mandala viviente**:

Los niños forman un corro y uno de ellos realiza movimientos al compás de una música (que sea lenta y meditativa). Los demás imitan esta coreografía como si fuesen espejos.

Cuando termine la música, los pequeños se inmovilizarán, y cada uno adoptará una postura de yoga que sepa.

PAUTAS DE LOS MOVIMIENTOS OCULARES

¿Has observado alguna vez cómo las personas, cuando se les hace una pregunta y están meditando la respuesta, desplazan la mirada hacia un punto determinado? Actualmente sabemos que los movimientos oculares permiten sacar conclusiones acerca de la actividad que está produciéndose en el fuero interno de la persona. Si mira, por ejemplo, hacia arriba, significa que trata de formarse una imagen visual de lo que se está diciendo. Cuando reflexiona con la vista dirigida al centro pero desviando luego los ojos hacia la derecha o hacia la izquierda, es que está oyendo algo. El que baja la vista trata de ponerse en contacto con su propia sensibilidad. Cuando tratamos de recordar algo los ojos tienden a desviarse hacia la izquierda; en cambio, si estamos inventando derivan más bien hacia la derecha (esta última observación se cumple para los diestros; en el caso de los zurdos puede darse invertida).

Los movimientos oculares pueden servirnos para estimular la capacidad memorística.

El estudio de estas pautas de los movimientos oculares constituye una ciencia aparte. Para lo que nos interesa aquí, bastará tener en cuenta que miramos hacia arriba cuando tratamos de estimular la memoria visual. La mirada dirigida hacia arriba y hacia la izquierda activa el recuerdo de una imagen; vuelta a la derecha, se trata de estimular la fantasía visual y la capacidad de representación imaginada. Cuando queremos recordar algo escuchado, los ojos se dirigen al centro y van hacia la izquierda. Si tratamos de imaginar que alguien nos dice unas palabras agradables, van desde el centro hacia la derecha. (Con los zurdos puede ocurrir al revés, que miren hacia la derecha mientras recuerdan y hacia la izquierda cuando construyen algo con la imaginación.) Y cuando dirigimos la mirada hacia el suelo estamos tratando de conectar con nuestros sentimientos.

A continuación ofrecemos algunas actividades divertidas y que pondrán de manifiesto estas relaciones.

41. Ojos que hablan

Los niños forman parejas y se sientan uno frente al otro para dirigirse determinadas preguntas al tiempo que observan los movimientos oculares del interlocutor:

Recuerdo visual (arriba a la izquierda)

- ¿Cuántas ventanas tiene vuestra casa (vuestra vivienda)?
- ¿Qué te pusiste el día de tu último cumpleaños?
- ¿Qué matrícula tiene el coche de tus padres?
- ¿Qué vista tienes desde la ventana de tu habitación?

Inventad más preguntas de este tipo.

Construcción visual (arriba a la derecha)

- Imagina un camello de color azul celeste con alas y llevando un quitasol.
- Imagina que puedes distribuir los muebles de tu habitación (y hasta pintarlos) como a ti te gustaría.
- Imagina a tu maestro con una nariz de payaso en forma de bola grande y colorada.
- Imagina que tienes (la misma silueta perfecta, el mismo peinado) que tu estrella favorita.

Inventad más preguntas de este tipo.

Recuerdo auditivo (centro izquierda)

- ¿Qué te ha dicho tu madre esta mañana?
- ¿Recuerdas la última poesía que te obligaron a recitar de memoria?
- ¿Recuerdas la última vez que te elogió tu maestro? ¿Hablaba fuerte o en voz baja?
- ¿Cómo hace un avión cuando aterriza?

Inventad más preguntas de este tipo.

Construcción auditiva (centro derecha)

- Imagina el público de todo un estadio de fútbol coreando tu nombre.
- ¿Cómo sonaría tu canción favorita tocándola al acordeón?
- ¿Cómo sonaría tu canción favorita tocada al revés?
- ¿Imaginas a tu padre hablando con la voz del ratón Mickey?

Inventad más preguntas de este tipo.

Kinestésica (abajo)

- ¿Qué olor tiene tu flor preferida?
- ¿Qué sensación te produce una piedrecilla en el zapato?
- ¿Qué sabor tiene el helado de chocolate?
- ¿Cómo te sientes cuando alguien te dice algo simpático?

Inventad más preguntas de este tipo.

En los interrogatorios de este tipo se observa a veces que algunos, antes de contestar a una pregunta, miran en dos o más direcciones diferentes.

Por ejemplo, a la pregunta de «¿qué olor tiene tu flor preferida?» puede ocurrir que la persona interrogada mire primero hacia arriba y hacia la izquierda (quiere decir que está representándose la imagen de una rosa) y luego hacia abajo (tratando de recordar su olor).

A la inducción «imagina el público de todo un estadio de fútbol coreando tu nombre», podría darse la reacción de mirar primero hacia arriba, imaginando ese estadio repleto de espectadores, luego hacia la línea central lado derecho (evocando el clamor de la multitud) y quizá finalmente hacia abajo (para representarse la sensación supuestamente agradable).

En el capítulo siguiente trataremos de cómo se utilizan las pautas de movimientos oculares para enseñar, aprender y recordar lo aprendido.

Aprender con todos los sentidos
ENSEÑAR CON TODOS LOS SENTIDOS

Toda persona no impedida puede ver, oír, palpar, oler y saborear. De estas percepciones sensoriales, las tres primeras van dirigidas a la orientación básica, así como a la captación y proceso de las informaciones. En el capítulo anterior hemos visto que cada persona hace una utilización diferente de estos tres recursos principales.

Es evidente que la persona favorecida con una especial agudeza y capacidad de percepción a través de uno de los sentidos tenderá a utilizar este sentido con preferencia para orientarse en la vida. Lo hará de una manera inconsciente, y también inconscientemente tratará de entrenar esa percepción con mayor asiduidad. Esto se cumple lo mismo para los niños que para los adultos, en la vida cotidiana, en el ocio, en la actividad profesional y en la escuela.

La cuestión estriba, pues, en averiguar cómo se adapta el estilo individual de aprendizaje, permitiendo distinguir los alumnos visuales, los auditivos y los kinestésicos, lo cual a su vez debe conducir a la elaboración de diferentes métodos de enseñanza y condiciones individuales de aprendizaje que tengan en cuenta esos factores.

El alumno visual, el auditivo y el kinestésico

El niño que dispone de un poder de imaginación visual muy desarrollado tenderá a utilizar ese don natural en todas las situaciones, y también para aprender, por consiguiente. El alumno hablador, aficionado a buscar la armonía y el sentido de pertenencia a un grupo mediante el diálogo, dotado además de buen oído, tenderá a escuchar con atención y aprenderá por esa vía. Y el sujeto fuertemente afectivo, querrá comprender, «tocar con las manos», literalmente, los temas, hasta incorporarse y asimilar las materias.

Qué clase de alumno es tu hijo?

Los individuos en edad escolar son muy flexibles, lo cual les permite adaptarse a los distintos tipos de maestros y a los estilos pedagógicos que éstos practican. Pero ¿podemos asegurar que todos los enseñantes tienen también la flexibilidad necesaria para *a)* reconocer los distintos estilos personales de aprendizaje de sus alumnos, y *b)* ajustarse en consecuencia?

Y nosotros, como padres, ¿sabemos lo que necesitan nuestros hijos?

Aunque sin olvidar el peligro de simplificar excesivamente, paso a describir los rasgos principales y las diferencias que hay entre los alumnos de tipo visual, auditivo o kinestésico. Claro está que los tipos «puros» en realidad no existen. Lo que se da en las personas reales son dotes naturales diferentes, en forma de distintas combinaciones o proporciones de las funciones sensoriales y de percepción.

El alumno visual: «La vista es la que trabaja»

CARACTERÍSTICAS

Estos alumnos necesitan que la materia escolar «entre por los ojos». Además requieren condiciones que les permitan visualizar las imágenes interiores, a fin de asimilar lo que acaban de aprender (= ver). No hay más que observarlos, porque lo expresan con todas sus actitudes corporales. Sentados, suelen quedarse muy quietos, casi inmóviles, los ojos algo vueltos hacia arriba y muchas veces, las cejas enarcadas o alzadas, la mímica facial escasa o nula. Los individuos muy acentuadamente visuales acostumbran hablar muy deprisa, la mirada algo desviada hacia arriba, lo cual indica que mientras hablan están evocando su plétora de imágenes interiores. La voz, algo monótona, con impostación hacia los agudos; la dicción apenas se acompaña de gestos corporales. Son observadores muy atentos. Su memoria se concentra principalmente en las cosas «dignas de verse». Sus manifestaciones verbales traducen el predominio de las percepciones visuales. Utilizan a menudo giros que así lo expresan; ante un asunto, por ejemplo, experimentan la necesidad de «formarse una imagen», quieren «verlo claro». Anuncian que van a «echarle un vistazo», a ver si se les «enciende la bombilla» o por el contrario, «lo ven muy negro» y presagian un «porvenir oscuro».

FACTORES DE DISTRACCIÓN

Al alumno visual le distraen las incidencias visuales. Demasiados cuadros y carteles en la pared, una imagen subjetivamente valorada como desagradable, un color equivocado, una forma defectuosa, le irritan y distraen tanto como una habitación demasiado recargada o un puesto de trabajo desordenado. Estas personas prefieren un trabajo que exija mucha atención al detalle y pueda realizarse con condiciones de tranquilidad. A fin de distinguir sus exigencias y poder formarse una panorámica general, requieren cierto distanciamiento con respecto a la tarea, y lo mismo en las relaciones con los demás. La excesiva proximidad y no digamos el contacto corporal pueden desconcertar por completo al discípulo visual.

ENSEÑANZA ESPECÍFICAMENTE ADECUADA PARA LOS SUJETOS VISUALES

Los alumnos visuales aprenden más cuando la materia se les ofrece de manera visible. Los elementos de enseñanza que actúan sobre ese canal de percepción les favorecen, así por ejemplo el texto escrito en la pizarra, el mapa, el proyector de transparencias y la pantalla del ordenador. El maestro que utiliza estos recursos, y que subraya lo que dice oralmente utilizando medios visuales aunque sólo sea señalando con el dedo, con un puntero o un lápiz láser, alcanzará grandes éxitos con sus alumnos visuales ya que estos recursos dirigen una y otra vez la atención hacia lo que todos pueden ver. Por otra parte, las personas visuales suelen tener problemas para interpretar las instrucciones verbales: preferirían que se les diesen por escrito. Cuando haya que estudiar un texto nuevo, por ejemplo una lectura para el análisis gramatical, o una lección de historia, conviene dejar que el alumno visual lo lea simultáneamente, aun cuando esté leyéndolo de viva voz otro alumno, o el profesor mismo. Mientras leen, ellos van formándose una imagen, van convirtiendo la lección en materia visible. Si además el enseñante habla como ellos, rápidamente, con voz monótona y tono relativamente agudo, limitando al mismo tiempo su propia gestualidad y empleando muchas metáforas visuales, les «llegará» a estos alumnos por entero.

El procedimiento ideal de examen

La llamada prueba teórica escrita es el medio ideal para los individuos visuales, que les permite representarse a sí mismos y a los demás lo que han aprendido. Esta ocupación callada les proporciona las condiciones idóneas para concentrarse en su trabajo. Leen el cuestionario, y tienen un tiempo concedido para ordenar sus imágenes interiores, recordar lo estudiado y plasmarlo en el papel.

Una mención favorable, englobada en el marco de referencia de una evaluación general por escrito, les proporciona a estos sujetos la mejor «imagen» del rendimiento alcanzado en la prueba.

Condiciones domésticas de trabajo y estudio

Si soy un individuo visual, no querré que mi mesa de trabajo esté situada frente a una ventana, sobre todo si la vista abarca un parque de juegos, una calle transitada o una

cancha deportiva, porque todo eso representa otras tantas distracciones invencibles. Otra cosa sería que la ventana diese a un panorama muy amplio (el mar, unos sembrados, un prado, etc.) o un árbol. El sujeto ideal encuentra las fuentes de su fuerza en el mundo de lo visible: una fotografía, por ejemplo, que le recuerde una situación agradable, o represente una meta a conseguir, le motivará para el estudio, como también el tener a la vista sus fichas-fuerza. Le proporciona orientación un tablero donde pueda fijar su calendario con las principales fechas clave, o las fórmulas matemáticas a estudiar, o las palabras de ortografía difícil, o un lema inspirador. La claridad es una de sus exigencias fundamentales: los individuos visuales suelen necesitar una mesa de trabajo ordenada y bien organizada para sentirse a gusto y poder concentrarse. Aunque cada persona tiene su propio concepto de lo que es orden y limpieza. Los niños de corta edad muchas veces adolecen todavía de ese concepto, y necesitarán la colaboración de los padres para desarrollarlo adecuadamente.

ELOGIOS E INCENTIVOS

Como las fuentes de energía del individuo visual radican en el terreno visible, cuando los elogiemos es importante hacerlo cara a cara, mirándolos, porque ellos no se fijarán tanto en las palabras con que reconocemos sus merecimientos como en la mirada, la expresión, la sonrisa o el asentimiento de cabeza de la persona que les habla. Un pequeño regalo también constituye, naturalmente, reconocimiento adecuado de sus logros.

A una persona visual yo la premiaría de manera que conserve un recuerdo visible del elogio, algo que se pueda colocar sobre la mesa, o colgar, para mirarlo de vez en cuando y recordar el momento feliz.

El alumno auditivo: «Así como suena»

CARACTERÍSTICAS

Llamamos auditivos a los que se orientan de preferencia, interior y exteriormente, por medio del oído. Estas personas necesitan unas condiciones que les permitan filtrar, de entre lo escuchado, lo que pueda serles útil a ellas, a fin de asimilarlo. Con frecuencia, estos sujetos dan la impresión de estar oyendo siempre una especie de música interior. Menean el pie como marcando un ritmo audible sólo para ellos, se mecen, la cabeza ligeramente inclinada. Les gusta hablar. Casi podríamos decir que se escuchan a sí mismos. Suelen tener una voz melodiosa. Cuando leen mueven los labios o murmuran el texto en voz baja. Les gustan las discusiones y suelen interpelar a otras personas, por propia iniciativa, para comentar algún asunto importante. Acompañan el movimiento corporal con mímica de manos y brazos. Cuando quieren recuerdan a la perfección lo que alguien dijo en tal y tal oportunidad. El lenguaje de estas personas refleja su estilo de percepción, con expresiones como «lo que yo te diga», «se murmura por ahí», «esto no me suena», «oír campanas y no saber dónde», «sonó la flauta por casualidad», etc.

FACTORES DE DISTRACCIÓN

Los estímulos auditivos distraen a las personas auditivas. Los ambientes ruidosos o la excesiva agitación del entorno las irritan y echan a perder su concentración. Necesitan más que otras personas la conversación para crear una armonía y sentirse a gusto. Suelen aborrecer la actividad en silencio y los interlocutores que no saben expresarse verbalmente.

ENSEÑANZA ESPECÍFICAMENTE ADECUADA PARA LOS SUJETOS AUDITIVOS

Los alumnos auditivos aprenden «lo que les entra por los oídos». Son adecuados todos los estilos pedagógicos que se dirigen a dicho sentido, por ejemplo las ruedas de discusión, los grupos de trabajo y de proyectos en los que está permitido manifestarse libremente, que fomentan la discusión multilateral y en los que todos se turnan en actuar como monitores para los demás. Ante un problema, el sujeto auditivo acusa la necesidad de definirlo en sus propios términos. Por ejemplo, confrontados al texto de un problema de matemáticas es útil hacer que lo lean en voz alta y lo expliquen ellos mismos. Las distintas etapas de un aprendizaje se comentarán de viva voz, ofreciendo a estas personas la oportunidad de recapitular en sus propias palabras. En efecto, la comprensión de una materia depende, para el individuo auditivo, de la medida en que sea capaz de verbalizarla. Un maestro que utilice estos

medios introduciendo además otros elementos (música, instrumentos musicales u otros elementos rítmicos) «se hará escuchar» por estos alumnos. Si además tiene el don de una voz agradable y melodiosa, si ha aprendido a subrayar sus explicaciones con una gestualidad armoniosa, y si además recurre con frecuencia a expresiones del contexto auditivo, actuará sobre sus alumnos con ideal eficacia.

El procedimiento ideal de examen

La prueba oral ofrece al alumno auditivo las mejores posibilidades de escuchar, en primer lugar, lo que se le pregunta, e incluso preguntar pidiendo alguna aclaración antes de pasar a la exposición detallada de sus conocimientos. Como estas personas saben evocar sensaciones agradables de confianza y armonía mediante la comunicación verbal, probablemente asistirán a este tipo de prueba en actitud relajada, lo que les facilitará la recordación y reproducción de lo aprendido.

La mejor manera de transmitir la valoración a estos alumnos es, como parece obvio, la entrevista personal. Los elogios y reconocimientos de palabra son «música para sus oídos», evidentemente.

Condiciones domésticas de trabajo y estudio

Si yo fuese una persona auditiva no me gustaría tener mi escritorio en las cercanías de una lavadora, ni de un bebé llorón, ni de un vecino aficionado a hacer obras de mejora en su vivienda. Por el contrario, querría tenerlo en un lugar tranquilo y donde yo mismo pudiese decidir qué fondo sonoro prefiero. Es verdad que hay alumnos capaces de estudiar mientras oyen música rock o tecno del tipo más estridente. Algunos memorizan la materia recitándola en voz alta al ritmo de la música o incluso cantándola. Otros monologan mientras estudian, diciendo en voz alta, por ejemplo, el enunciado de un problema.

ELOGIOS E INCENTIVOS

Como las fuentes de energía de los auditivos están en la gama audible, los elogiaremos de palabra para infundirles ánimos, alabando por ejemplo su perseverancia y concentración, o demostrando interés activo hacia sus ocupaciones, y comentando con ellos lo aprendido. Los sujetos auditivos tienen muy fino oído para los matices... de manera que el elogio debe ser al cien por cien, sin reservas ni «peros» (relee el apartado «Cómo "llenar el tarro" de tus hijos», página 21).

El alumno kinestésico: «Flor sensitiva»

CARACTERÍSTICAS

En lo fundamental, el alumno kinestésico se orienta interior y exteriormente por el tacto, los sentimientos y las acciones. Para aprender, necesitan condiciones que les permitan «tocar» literalmente la asignatura. Se observa en ellos gran actividad corporal, como si necesitasen el movimiento exterior para mover algo en el fuero interno. Es por este motivo que muchas personas kinestésicas parecen hiperactivas. Estos movimientos suelen ser faltos de ritmo. Algunos individuos kinestésicos son muy poco habladores; dan la impresión de que andan tan ocupados con sus sensaciones y sentimientos que les resultaría imposible manifestarlos verbalmente, y además tampoco lo desean. Cuando hablan suelen hacerlo de manera pausada, reflexiva, acompañando las palabras con la mímica y la gestualidad, a menudo dirigiendo la mirada hacia el suelo. El contacto corporal es muy importante para ellos, ya que establecen la armonía a través del tacto. También en este caso, el lenguaje de los kinestésicos refleja el mundo de sus percepciones. Hablan de «razones graves» o «de peso», de «echar una mano» o «arrimar el hombro», de «no tomarse los asuntos a la ligera», de «las asperezas de la vida», de las cosas que «no les dan frío ni calor».

FACTORES DE DISTRACCIÓN

Como es obvio, a los individuos kinestésicos les distraen las sensaciones kinestésicas. Incapaces de estudiar cuando no se encuentran a gusto, el malestar y la distracción pueden provenir también de aproximaciones o contactos no deseados, lo mismo que por el distanciamiento excesivo y la sensación de estar solos. Una cosa que suele irritarlos mucho es la intimación «estáte quieto», por ejemplo cuando sentados en una silla la menean como si fuese una mecedora. Acusan mucho las estancias demasiado calurosas, o demasiado frías, o llenas de muebles y utensilios de trabajo incómodos.

ENSEÑANZA FÍSICAMENTE ADECUADA PARA LOS SUJETOS KINESTÉSICOS

Para los individuos táctiles lo esencial es comprender, aprehender (la raíz de estas palabras significa «abrazar, ceñir, sujetar con las manos»). Todos los estilos didácticos que recurran a este tipo de percepción serán bien recibidos por ellos. En particular, los que invitan a coleccionar o fabricar uno mismo los materiales de aprendizaje con intervención de actividades de pintura, bricolaje, uso de adhesivos y herramientas, recortar palabras, realizar trabajos de cerámica, representar pantomimas o funciones teatrales (por ejemplo, para aprender historia). La enseñanza consiste en vivencias: el educador representa algo o hace una demostración, y los alumnos le emulan. El alumno kinestésico siente la necesidad de actuar para asimilar la materia, y además este tipo de enseñanza tiene la ventaja de permitirles desahogar su necesidad de movimiento constante. Una pelota grande les va mejor para sentarse que una silla; así contrarrestan su agitación habitual. El mejor maestro para ellos es el que tiene un estilo expositivo y de trabajo pausado y sosegado, gesticulación expresiva, y consiente y tolera (dentro de ciertos límites, claro está) la aproximación y el contacto. Si además utiliza el vocabulario kinestésico, causará una impresión duradera en sus alumnos.

El procedimiento ideal de examen

La prueba práctica (manualidades, prácticas de taller, construcción de maquetas, etc.), ahí es donde el individuo táctil despliega su capacidad y demuestra lo que es capaz de hacer cuando se halla en su elemento.

Si procede felicitarle, conviene acompañar las palabras con un apretón de manos o una palmada en el hombro, como mínimo, diciendo «lo has comprendido bien» y ofreciéndole la perspectiva de «adónde va a llegar».

Condiciones domésticas de trabajo y estudio

Si yo fuese una estudiante táctil pediría, ante todo, una mesa de trabajo cómoda y una silla confortable, y que –muy importante– permitiesen ajustar y variar la altura del asiento y la postura de trabajo. Aunque también me gustaría echarme a leer de bruces, o sentada sobre un neumático. Y lo mejor para hacer memoria y reflexionar sería, para mí, dar paseos por la habitación. El gabinete o despacho óptimo para el alumno kinestésico debe ofrecer mucho espacio para moverse. Algunos individuos de este tipo comen mientras estudian; es como si «devorasen» la asignatura mientras van engullendo golosinas. Aunque también la fruta tiene buen sabor, y es sana al mismo tiempo. Los kinestésicos sacan energías de las áreas correspondientes al tacto, al sentimiento y a la acción. Para ellos es buena idea, por ejemplo, colgar en la estancia junto a la mesa de trabajo una diana con dardos, que también sirve para desahogar de vez en cuando las frustraciones.

Elogios e incentivos

No necesitan los sujetos kinestésicos «grandes palabras»; a veces incluso se diría que el elogio verbal los confunde un poco. En cambio, el padre que se sienta al lado de su hijo, se arremanga y se pone a ayudarle en un trabajo de construcción mecánica, o la madre que le echa una mano a su hija en una labor, sin duda causarán con ello una impresión excelente, motivante y positiva, de carácter duradero. Naturalmente, no quiero decir con esto que sobren los elogios de palabra; pero conviene acompañarlos siempre de un contacto oportuno (el brazo sobre los hombros, por ejemplo).

Estrategias idóneas de enseñanza para los distintos tipos de alumnos

Confío en haber dejado claras las diferencias entre los alumnos visuales, los auditivos y los kinestésicos, sus estilos de aprendizaje y sus necesidades. Estas diferencias justifican intervenciones distintas e individualizadas por parte de los padres y de los enseñantes.

En la enseñanza escolar normal se le suele confiar al maestro un conjunto bastante heterogéneo de alumnos. Él mismo tenderá más a un estilo expositivo visual, o auditivo, o kinestésico, que sin darse cuenta coloreará su método didáctico. Por fortuna, la mayoría de las personas tiene la facultad de traducir al propio las informaciones exteriores que le llegan en otro idioma. De manera que, si alguien dice «esto no está claro para mí», el sujeto auditivo entenderá que «no le suena» y el kinestésico tal vez sacará la conclusión de que «se palpa la diferencia de criterios». O cuando alguien pronuncia un elogio «altisonante» del porvenir, el visual interpretará que «se ha dibujado un panorama radiante» y el kinestésico va a «arder en impaciencia por ver lo que se nos avecina». En la enseñanza escolar, se nos invita a traducir constantemente a nuestro propio lenguaje lo que diga el profesor. Y como la mayoría de nosotros somos «tipos intermedios» en lo que toca a la especificidad de la percepción sensorial, la empresa no tiene por qué resultar demasiado difícil.

Para el maestro, el desafío consiste en dirigirse al mayor número posible de alumnos hablándoles en su propio idioma. Para ello tiene que incluir en su exposición todos los sentidos. Por tanto, procurará que todas sus clases contengan algo que ver, que oír y que tocar. Puede combinar el trabajo individual (visual) con el de grupo (auditivo) y las prácticas con acción y movimiento (kinestésico). Se le ofrece la posibilidad de activar todos los sentidos introduciendo vida en sus descripciones así como en las informaciones que transmite. De este modo estimula a todos, una y otra vez, y entonces la clase resulta menos fatigosa para ellos porque tienen menos que traducir, y así aprenden agradablemente y con entusiasmo. Se reducen las frustraciones y los enfados, así como los trastornos consiguientes, y el clima global de la clase mejora en consecuencia.

Una enseñanza viva es la que se dirige a todos los sentidos.

Puedo testimoniar que muchas veces los maestros se entusiasman con la planificaciones de estas clases así enriquecidas, en las que encuentran una nueva manera de presentar las materias que ellos enseñan. Luego comprueban que el resultado escolar mejora, que los alumnos reciben una enseñanza más compleja y completa y además consiguen recordar mejor lo aprendido.

Las estrategias de enseñanza idóneas cumplen las condiciones siguientes, entre otras: incluir en el proceso a todos los sentidos. El estilo didáctico se dirige a la vista, al oído y al tacto / sensibilidad.

Una imagen dice más que mil palabras
ENTRENAMIENTO DE LA VISUALIZACIÓN

Vivimos inmersos en una cultura visual. Así pues, nuestra capacidad para visualizar no sólo sirve para desenvolvernos mejor en la vida cotidiana, sino que nos permite concebir visiones de futuro y por tanto, planificar y configurar mejor la vida. Para comprobar que el sentido de la vista es imprescindible para la supervivencia basta con salir a la calle. En ella encontramos rótulos y señales de la circulación que es preciso ver, leer e interpretar correctamente. También hay que saber leer el itinerario del autobús, las placas de las puertas, las minutas de los restaurantes y las instrucciones de uso de los aparatos, y saber cuál es el aspecto con que hay que presentarse en los lugares de trabajo y en los de ocio. Y los elementos «ver y ser vistos» son fundamentales en el desarrollo argumental de las obras de teatro, cine, televisión y vídeo.

La cultura en que vivimos estimula el sentido de la vista.

El sentido de la vista en la enseñanza

La cotidianeidad escolar hace un uso intenso del sentido visual. El alumno debe poder ver y leer lo que dicen la pizarra, el libro y el mapa. Y lo mismo ver, leer y entender las preguntas del cuestionario en un examen; en efecto las pruebas escritas suelen puntuar más que las orales. Por supuesto, los demás sentidos también reciben algunos estímulos, pero en líneas generales el individuo visual tiene ventaja en el entorno que nos rodea.

Se le facilitan mucho las cosas al alumno visual, por ejemplo, a la hora de aprender a escribir y las cuatro reglas de la aritmética. Las reglas de la ortografía tienen un paso previo necesario, que es ver e interpretar las letras en el orden correcto, e interiorizarlas y reproducirlas luego.

Sírvanos de ejemplo este caso para considerar lo que significa en relación con cada una de las percepciones sensoriales.

En lo kinestésico: Un alumno puramente kinestésico se vería obligado a aprender, más o menos, como un ciego. Necesitaría explorar las palabras letra a letra, ya que ellos requieren experiencias corporales directas y aprenden a través del tacto y el sentimiento. Una manera de aprender muy lenta, puesto que todas esas experiencias han de asimilarse y comprenderse una a una, antes de poder aplicarlas de manera concreta.

En lo auditivo: El sujeto puramente auditivo tendría que pronunciar la palabra poco a poco, articulando letra a letra. Aparte de ser también un procedimiento lento, presenta una dificultad no desdeñable: que nuestro idioma no se escribe tal como se pronuncia (bastará recordar aquí las numerosas reglas sobre «b» y «v», «g« y «j», presencia o no de la «h» y diferencias entre el acento tónico y el ortográfico). De ahí la invariable aparición de un porcentaje de faltas.

En lo visual: El alumno visual considera la palabra con un solo golpe de vista. Ve si es larga o corta, la primera letra y la última, si la primera es mayúscula o no. Naturalmente lee también las letras, pero interioriza la palabra escrita como un solo bloque. El proceso es bastante más rápido, la palabra interiorizada se evoca en una fracción de segundo, y con un entrenamiento adecuado el mismo sistema sirve para la percepción no ya de palabras sueltas sino de frases enteras que se interiorizan como imágenes y se recuerdan como tales. Hay personas que pueden memorizar así parrafadas y páginas enteras. A la hora de reproducir lo aprendido, en una situación de examen por ejemplo, evocan esa imagen interior y no tienen más que copiarla.

El individuo capaz de visualizar bien aprende más pronto la escritura y el cálculo, y memoriza con facilidad fórmulas y ecuaciones. Los que no tienen esa facultad han de esforzarse mucho más.

El poder de la visualización se expresa en el proverbio «una imagen dice más que mil palabras». El sentido de la vista permite poner en juego facultades esenciales para la orientación y el aprendizaje. Los alumnos visuales tienen un camino más fácil en la vida, y sobre todo en la escuela, porque rápidamente se forman una imagen de las cosas y reaccionan en consecuencia. Desde ese punto de vista es aconsejable que el niño y el alumno procuren desarrollar y perfeccionar mediante el entrenamiento sus capacidades de percepción visual.

EJERCICIOS

PARA «LLENAR EL TARRO»: UN CINE EN EL TARRO

En los capítulos anteriores desarrollábamos el sentido «exterior» de la vista. Desde luego la capacidad de visualización presupone una vista aguda, porque la visión mediante la mirada interior requiere haber percibido con anterioridad ciertas cosas: toda imagen interior se compone de percepciones externas previas. El buen observador, por consiguiente, que va «fotografiando», como si dijéramos, todo lo que ve, está en condiciones de almacenar interiormente esas imágenes, interiorizándolas, de manera que luego puede recuperarlas. Es decir, recuperarlas y, en su caso, modificarlas creativamente.

Durante los ejercicios de percepción (sobre todo, el de los «ojos que hablan»), algunos alumnos habrán descubierto en sí mismos una facilidad especial para recordar cosas vistas. Estos casos responden a una aplicación inconsciente de facultades de visualización.

Las pautas de los movimientos oculares ayudan a visualizar.

Se trata ahora de elevar dichas facultades al plano consciente, lo cual va a permitirnos un entrenamiento dirigido. A este efecto vamos a sacar de nuestro «tarro» otra de las experiencias que acabamos de incorporar, a saber, las pautas de los movimientos oculares. Hemos visto ya que cuando tratamos de rememorar una imagen interna las pupilas no miran de frente sino que se desvían como buscando algo situado más arriba. Además los diestros miran más a la izquierda para evocar imágenes (que también pueden ser imágenes en movimiento), y los zurdos más a la derecha. Algunos individuos se exceptúan de esta regla en el sentido de que casi siempre miran arriba y al centro. También se manifiestan diferencias individuales en el grado de desviación lateral hacia la derecha o hacia la izquierda.

42. Mi rincón mental

Para descubrir nuestro «propio» rincón mental conviene acudir a la ayuda de otra persona. Sentada frente a nosotros, ésta se dedicará a observar con atención las pautas de los movimientos oculares. Entonces se pasa a formular preguntas del tipo: «volvemos a tu último cumpleaños, ¿recuerdas todavía qué ropa te pusiste?», o «acuérdate de vuestro coche, ¿de qué color es la carrocería?», o «¿qué número de matrícula tiene?» Se trata, por consiguiente, de presentar a la mirada interior la imagen de algo visto antes. El observador ve adónde ha dirigido los ojos el alumno cuando la evocación tiene éxito. Los diestros volverán los ojos arriba y a la izquierda: ése es su «rincón mental» o «visual» particular. En los zurdos ese rincón mental suele hallarse a la derecha. Como es natural, observaremos otras diferencias en cuanto al grado de desviación: algunos miran más a la izquierda, otros no tanto a este lado sino más bien arriba, etc. Este ejercicio nos sirve para determinar el lugar exacto que prefiere cada persona.

Sabido esto, tenemos el recurso de dirigir adrede la vista hacia ese punto cuando tratamos de estimular nuestro cerebro de forma que recupere con más facilidad unas imágenes, y que lo haga siempre que nos haga falta y en cualquier circunstancia.

En la página siguiente vemos el dibujo de una cara, pero no están dibujadas las pupilas. Una vez averiguado cuál es tu «rincón mental», podrás rellenar las pupilas de forma que reflejen tu caso. Incluso se puede marcar la posición teórica del rincón o punto de mira mediante un recuadro o una cruz. (Complétalo como si estuvieras viendo tu propia imagen en un espejo.)

A continuación, veremos algunos ejercicios de visualización.

43. Ejercicios sobre colores, formas, símbolos e imágenes

Pediremos a los alumnos que traten de concentrarse en el color, por ejemplo, de una camiseta, de una fruta, o de una flor. Luego los invitamos a volver la mirada hacia el «rincón mental» de cada uno, para proyectar allí ese color. Deben realizar un esfuerzo para «verlo» realmente ahí. Si se quiere aumentar la dificultad del juego, cabe proponer una serie de varios colores, cuya secuencia correcta deberá memorizarse. También se puede realizar el mismo ejercicio con figuras geométricas sencillas.

Con algún entrenamiento, se pasará luego a formas algo más complicadas (símbolos, logotipos de empresas conocidas, etc.), o bien a una secuencia de ellas, que se proyectarán al rincón mental para visualizarlas y luego recordarlas y reproducirlas de memoria, por ejemplo dibujándolas en un papel.

También es útil incluir imágenes positivas como fotografías de las vacaciones, bellas postales, fotos de animales, recortes de prensa: concentramos la atención en ellos procurando fijarnos en todos los detalles, los proyectamos hacia nuestro rincón mental y luego tratamos de recordarlos volviendo los ojos hacia ese mismo rincón. Vemos cuántas imágenes son capaces de recordar los alumnos por este procedimiento.

44. La vida cotidiana y la escuela

La enseñanza escolar y la vida cotidiana ofrecen infinidad de oportunidades para entrenar la capacidad de visualización, jugando a solas o en compañía de otros. Ante una clase, por ejemplo, podríamos trazar en la pizarra determinadas formas, letras, cifras o figuras, para cubrirlas después y solicitar a los alumnos un dibujo de lo recordado en sus cuadernos. Ellos utilizarán una vez más sus «rincones mentales». De este modo pueden memorizarse también palabras enteras en las clases de ortografía o de lenguas extranjeras.

Para memorizar ortografías o cantidades existe incluso un método algo más perfeccionado, que es el que presento en el próximo capítulo (véanse página 99 y siguientes).

45. Juego de «cruces y ceros» con figuras vivas

Esta idea me fue sugerida por los pequeños de uno de mis grupos. Es una adaptación del juego de «tres en raya» o «cinco en raya» tan popular en los colegios.

En una cuadrícula dos jugadores van marcando, por turno, cruz o cero hasta que uno de ellos consiga alinear en vertical, en horizontal o en diagonal tres (o cinco) marcas suyas antes de que lo haga el otro.

Cierto día, una niña sugirió hacerlo con marcas vivientes, es decir colocándose los niños en los lugares de las «X» y los «0». Colocamos nueve sillas en tres hileras, de manera que representen nueve recuadros del juego. Se forman entonces dos equipos de tres jugadores cada uno que representarán, respectivamente, las «X» y los «0». Y cada equipo trata de ocupar tres sillas alineadas, al tiempo que procuran evitar que se les adelante en conseguirlo el equipo contrario. Evidentemente, esto se logra colocando una marca propia que impida cualquier posible alineación «000» o «XXX» enemiga.

X	O	X
	O	
		O

No es poca la exigencia que representa este juego para unos niños de corta edad. Para jugar, han de visualizar una imagen interior del supuesto tablero; esa imagen debe ser nítida pero bastante flexible, al mismo tiempo, a fin de poderse modificar y tener en cuenta los eventuales cambios de la posición propia y de la contraria que cada movimiento implica. Lo cual no deja de ser una «capacidad de visualización de un orden superior», y les divierte mucho.

Otras posibilidades de entrenamiento

Los grandes ajedrecistas son tan buenos jugadores, entre otras cosas, porque visualizan mentalmente todo el tablero y son capaces de «ver» por adelantado cómo quedará después de la jugada siguiente, y de otra, y de otra (hasta muchas, entre campeones).

También exige buenas facultades de visualización el *MasterMind*, ese juego que consiste en adivinar una combinación oculta de cuatro, cinco o más colores o cifras diferentes. Hay otros muchos juegos, como *Guerra de barcos* o *Damas*, que no sólo requieren capacidad de visualización sino además la entrenan de manera lúdica y divertida. Vale la pena explorar la abundante oferta existente del sector, valorando los juegos en relación con ese criterio.

Todos los viajes fantásticos y todas las meditaciones que se encuentran en este libro, incluyendo los capítulos anteriores a éste, sirven para entrenar la capacidad de visualización. Y lo mismo cualquier libro de ejercicios o de narrativa que vaya encaminado a estimular la imaginación y la fantasía.

El as en el tarro
LA SUPERESTRATEGIA DE APRENDIZAJE

Escribo superestrategia y no es exageración. No hay mejor método, de entre los que conozco. Y una vez más, se funda en la capacidad de visualización.

Condiciones previas para su aplicación:
- El alumno sabe cuál es su animal-fuerza (ejercicio 3)
- Eventualmente, sabe también su color-fuerza (ejercicio 4)
- El alumno sabe cuál es su «rincón mental» cuando trata de recordar algo visto anteriormente (ejercicio 29)
- Sabe qué significa «visualizar» y ha aprendido a utilizar esta destreza en la práctica (capítulo anterior)

Bases teóricas

En este método se trata de asociar la visualización con una sensación positiva. Este aspecto reviste importancia extraordinaria, pues en último término la mayoría de los bloqueos del aprendizaje y de la memoria son debidos a sensaciones desagradables como por ejemplo el miedo al fracaso, el agobio, el estrés, el nerviosismo, o también por sensaciones negativas de tipo difuso y difíciles de describir en un primer momento. Debido a complejos procesos neurofisiológicos y psicológicos, el miedo y el nerviosismo disminuyen el rendimiento; al mismo tiempo predominan las convicciones paralizantes («esto me entra en la cabeza», «esto no sirve para nada», etc.) que originan los bloqueos del aprendizaje.

Todos hemos vivido alguna vez situaciones en las que nuestra memoria nos ha dejado en la estacada: estamos en un apuro y de súbito se nos olvida el número de identificación personal de la tarjeta de crédito. En condiciones de mucho nerviosismo las personas olvidan su propio número de teléfono, o no recuerdan dónde dejaron estacionado el coche. A veces una anda buscando febrilmente las gafas y resulta que las lleva cabalgando sobre la nariz. Es decir, que las sensaciones desagradables pueden bloquear incluso facultades que teníamos adquiridas, y que creíamos dominar por completo. Como es obvio, en una situación desagradable puede ser difícil tomar nota de un hecho nuevo. Estamos tan absortos en nuestras sensaciones interiores y en el diálogo interno de tónica desagradable, que sencillamente nos hemos quedado sin capacidad de asimilación, y esto es tan cierto para los adultos como para las criaturas de corta edad.

Las sensaciones negativas bloquean nuestra capacidad.

Por otra parte, la sensación positiva o negativa puede indicarnos cuánto estamos «en el buen camino». Hay situaciones en que la memoria súbitamente nos presenta dos o incluso más grafías de una misma palabra. Esto puede ocurrir incluso con aquellas palabras que creíamos tener bien aprendidas desde hacía muchos años. En un caso así la mejor solución consiste en escribir todas las variantes y decidir luego, al sentimiento, cuál es la correcta para el caso que nos ocupa. Si al aprender la palabra hemos asociado la grafía correcta con un sentimiento positivo, éste nos permitirá recuperar, a su vez, esa versión correcta.

Un elemento importante para el éxito de cualquier estrategia de aprendizaje es acompañar con una sensación positiva el estudio y la rememoración.

Para obtener esa sensación positiva se ofrecen distintos procedimientos. En una situación de prueba, por ejemplo, una persona de nuestra confianza puede infundirnos valor y tranquilidad permaneciendo a nuestro lado, por ejemplo, tomándonos de la mano y encontrando las palabras adecuadas. O simplemente con su presencia y un oportuno contacto visual.

En la vida cotidiana y en la vida escolar estaremos de suerte, sin embargo, si hemos podido contar con tal especie de ayuda exterior. Al fin y al cabo esa persona no puede acompañarnos siempre y a todas partes. Es verdad que existen algunos maestros extraordinariamente dotados y capaces de crear situaciones de prueba positivas, por ejemplo sabiendo motivar y valorar a sus alumnos, y creando de esa manera un ambiente propicio. Estas personas incluso saben presentar el «fracaso» como una oportunidad de cara a la próxima evaluación. Pero no hay que dar por descontada la disponibilidad de un enseñante vocacional así.

Por tanto, es cuestión de desarrollar mecanismos propios, que nos pertenezcan personalmente, y que nos permitan extraer esa sensación positiva de nosotros mismos, de nuestro propio «tarro», cada vez que sea necesaria.

Para la estrategia de aprendizaje que proponemos aquí necesitaremos un animal-fuerza (ejercicio 3) que el niño tenga asociado a una sensación agradable. El color-fuerza (del ejercicio 4) puede introducirse también como refuerzo positivo.

Basamos nuestra estrategia de aprendizaje, por tanto, en las sensaciones de evocación agradable. La segunda condición indispensable es la capacidad para visualizar.

Postura relajada

Ojo avizor

Observar con exactitud y percibir la imagen

(objeto, palabra, ecuación, etc.)

Llevar la mirada a un punto situado por encima de la visual, hacia el «rincón mental»

Proyectar la imagen hacia ese rincón mental propio y visualizarla allí.

¡Recordar con éxito y exactamente!

La técnica

Necesitamos una imagen de nuestro·animal-fuerza. Esa reproducción va a tener la misma eficacia que una «ficha-fuerza»: al contemplarla, el inconsciente retorna automáticamente las sensaciones agradables que experimentamos cuando, en nuestro viaje fantástico, tuvimos el primer contacto con dicho animal. Al verlo nos sentimos probablemente más relajados, tranquilos, protegidos y mejor, en una palabra. Como es un animal-fuerza, «soportará» lo que nos toca aprender en la ocasión (una palabra, una fórmula, una ecuación). Vamos a suponer aquí que se trata de la palabra «Sol».

Para empezar, los niños escribirán la palabra «Sol» en una cartulina de tamaño adecuado, para que pueda colocarse a lomos del animal-fuerza. Es aconsejable utilizar para escribir nuestro color-fuerza, y luego introducimos a los pequeños de la manera siguiente:

1. Para empezar, contempla detenidamente el animal-fuerza. Luego lo visualizas en tu rincón mental.

2. Coloca ahora la cartulina con la palabra «Sol» a lomos de tu animal-fuerza. No en el rincón mental todavía, sino en la imagen del animal. Levanta la imagen un poco por encima del nivel de tus ojos.

3. Graba la imagen con la mayor exactitud que puedas: ahí está tu animal-fuerza. Lleva a sus espaldas una palabra, la palabra «Sol». Esa palabra está escrita con letras de un determinado color.

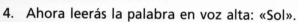

4. Ahora leerás la palabra en voz alta: «Sol».

5. A continuación la deletreas: «Ese, o, ele».

6. Después la deletreas al revés: «Ele, o, ese».

7. Contempla esa palabra todo el rato que quieras. Fíjate en el número de letras, en la primera y en la última, en los posibles detalles que llamen la atención (en este caso, que leída al revés también da una palabra con sentido: «los»).

8.   Y luego, cuando la hayas grabado bien, visualízala a lomos de tu animal-fuerza en tu rincón mental.

9.   Si tienes éxito con la visualización conseguirás *ver* «Sol» sobre el lomo de tu animal-fuerza en tu rincón mental, e incluso ves el color de lo escrito y por tanto puedes leer la palabra en voz alta y deletrearla del derecho y del revés.

10.   ¡Ahora escribe correctamente esa palabra!

Al principio este método puede parecer un poco laborioso y circunstanciado, pero con la práctica se convierte en un procedimiento absolutamente natural. No se sabe cómo, pero el niño siempre tiene su animal-fuerza dispuesto en la memoria y puede invocarlo en cualquier momento, atendido que lo tiene asociado a un sentimiento agradable. También recuerda su rincón mental y cada vez le cuesta menos esfuerzo y tiempo el visualizar su animal-fuerza y la palabra o palabras en dicho rincón. La lee y la deletrea del derecho y del revés. Esto de hacer deletrear el texto al revés funciona como una especie de *test* para saber si efectivamente lo está visualizando (y no necesita, por ejemplo, pronunciarlo en voz baja). Recordemos que hay diferencias entre lo que se escribe y lo que se pronuncia: es la capacidad de visualización lo que hace posible que finalmente lleguemos a escribir sin faltas de ortografía (entre otras muchas cosas que se aprenden gracias a esa facultad).

Es cierto que existen unas llamadas «legastenias» o dificultades para llegar a leer y escribir correctamente, que responden a una etiología diferente y no necesariamente relacionada con los bloqueos del aprendizaje debidos al estrés, a la angustia o al nerviosismo. Pero incluso en estos casos, la técnica aquí descrita puede ser útil, siempre y cuando se combine con los métodos especiales específicos para estos casos.

Conozco algunos monitores que utilizan otras visualizaciones distintas del animal-fuerza. Algunos proponen a los niños la asociación de la palabra a aprender con ositos de felpa, caramelos, chocolatinas y otras golosinas para que la pongan por escrito antes de visualizarla en su rincón mental. Eso también funciona, como es natural, y sin duda suscita sensaciones positivas en los niños; por mi parte prefiero el sistema de los animales-fuerza y las fichas-fuerza.

Es un hecho que incluso los niños afectados por grandes bloqueos del aprendizaje debidos al temor consiguen desintegrar éste mediante la superestrategia de aprendizaje, e integrar el placer y la alegría de aprender. Todo lo que hacemos con alegría y de buena gana nos sale mejor. Para los niños en edad escolar, esto se traduce en un mayor rendimiento en la clase. Así es posible aprender incluso las palabras difíciles, los idiomas extranjeros, las ecuaciones y las fórmulas. Por cierto que el método no está reservado a los niños; también los adultos pueden sacar provecho de esta técnica y no siempre se necesita un animal-fuerza que nos «ayude a cargar». De hecho estos métodos y otros similares se originaron en el área de la formación de directivos de empresa, pero ignoro qué es lo que les servirá a los directivos y directivas para crearse una sensibilidad positiva: ¿tal vez un coche de los caros, una racha de alzas del IBEX 35, una espectacular cuenta de P. y G.?*

Todo lo que hacemos de buena gana nos sale mejor.

Si deseamos ofrecer este método a los niños, hay que tener en cuenta la necesidad de dedicarle un tiempo suficiente. Procuraremos crear un ambiente agradable, mantendremos un estilo positivo en nuestras intervenciones y valoraciones, y nos abstendremos de esperar milagros. Con algunos niños el sistema no funciona a la primera vez, sino a la quinta. Pero una cosa es segura: ¡siempre funciona!

En esta superestrategia también reforzamos la capacidad de visualización con ayuda de las tres vías de percepción sensorial:

Vista
Contemplar el animal-fuerza y la palabra para visualizarlos en el rincón mental.
Oído
Leer en voz alta la palabra y deletrearla también de viva voz.
Tacto
Para finalizar, escribir la palabra en la grafía correcta.

* Las estrategias de aprendizaje pueden refinarse todavía más para adaptarlas al estilo individual de aprendizaje y de trabajo; pero una descripción más detallada no cabe en los límites de este libro. La superestrategia descrita aquí es una simplificación, aunque de las más eficaces, por cierto.

CARTAS TRIUNFADORAS CON LA SUPERESTRATEGIA DE APRENDIZAJE

46. Deletrear del derecho y del revés los ejemplos propuestos con ayuda del animal-fuerza

Para empezar prepararemos los ejemplos en forma de fichas, con ayuda de los niños. Debe adaptarse la dificultad de las palabras a la comprensión de los pequeños según la edad que tengan, y debe procurarse que sean «positivas», es decir adecuadas para suscitar un ambiente positivo y agradable.

He aquí algunas sugerencias: «pizza», «manzana», «vacaciones», «domingo», «mano», «bailar», «cantar», «amarillo», «azul», «cielo», etc.

Los niños escriben las palabras usando sus colores preferidos o su color-fuerza, a tamaño suficiente para poderlas ver y leer cómodamente desde cierta distancia.

Tienen preparado el animal-fuerza, que puede ser el del ejercicio 3, una fotografía del animal preferido o un muñeco de felpa.

Todos los niños saben cuál es su rincón mental, y forman parejas para practicar la superestrategia de aprendizaje. Para ello se turnan en las funciones: mientras el uno deletrea la palabra con ayuda de su rincón mental, el otro va recordándole los pasos del procedimiento: «Ahora mira en tu rincón mental», etc.

De esta manera los pequeños van familiarizándose con las diversas fases del método.

47. Deletrear por parejas, sin sugerir ejemplos y sin animal-fuerza

Quizá como preparación de una prueba escolar: Que los alumnos aprendan palabras difíciles aprovechando los viajes en el autocar o durante las pausas entre clases. Se les aconsejará que confeccionen una lista de palabras, ecuaciones o fórmulas difíciles para visualizarlas con ayuda del rincón mental y deletrearlas, como antes, del derecho y del revés.

48. Adivina adivinanza, o ejercicios lúdicos para pasar el rato

También en este caso resulta más divertido por parejas, aunque no quita que pueda intentarse a solas. Se trata de proyectar en el rincón mental cualquier cosa, el rótulo de una calle de nombre difícil, por ejemplo, para deletrearlo del derecho y del revés, o de inventar combinaciones «imposibles» de números y letras, o de buscar nombres «impronunciables».

Lo importante es que esta sencilla actividad quede en el plano lúdico y les resulte divertida.

La letra con gusto entra
EL PODER CREATIVO DE LA VISUALIZACIÓN

La visualización hace posible el empleo creativo de la fantasía. Para calibrar debidamente el valor de esta capacidad conviene saber que reaccionamos ante las fantasías igual que si fuesen realidades.

¿Fantasía o realidad?

Hace algunos años se organizó en la Universidad de Maguncia un experimento interesante. Se preguntó a un grupo de estudiantes de ambos sexos si tenían miedo a las arañas. Hubo respuestas para todos los gustos. A algunos las arañas les causaban un pánico invencible. A otros, sólo un poco de repugnancia. Algunos aseguraron que les traían sin cuidado. A continuación se les conectaron toda clase de aparatos para medir la actividad central, el pulso y la temperatura epitelial. Sentados en una silla, el brazo desnudo sobre la mesa y los ojos cerrados, debían imaginar una araña grande, negra y peluda que avanzaba derecha hacia el brazo en cuestión. Como cabía esperar, los sujetos del experimento mostraron reacciones de temor (aceleración del latido cardíaco, sudor, etc.) o de repugnancia (conato de retirar el brazo, piel de gallina, etc.). Algunos permanecieron completamente tranquilos. Se observó una fuerte correlación con lo declarado anteriormente. Pero, ¿a qué reaccionaron los estudiantes? ¿A la araña? ¡No, puesto que no existía ninguna araña real! Reaccionaron a una simple representación mental de una araña.

Reaccionamos ante las fantasías, es decir, ante representaciones que pueden ser tanto positivas como negativas, lo mismo que si fuesen realidades.

Con la superestrategia de aprendizaje hemos visto ya un ejemplo de utilización del poder de la visualización, pero hay otras posibilidades valiosas.

Medios para controlar el estrés

La capacidad de representación desempeña también un papel destacado en el control del estrés. Vaya por delante la diferenciación que establecen todos los especialistas entre estrés positivo y estrés negativo. Lo primero se refiere a la reacción fisiológica normal que suscita, entre otras cosas, el aumento de la secreción de adrenalina, haciendo posible que el organismo reaccione ante situaciones momentáneas de dificultad extraordinaria.

Cuando hablamos de superar el estrés nos referimos, naturalmente, al negativo, también llamado distrés. Se alude con esto al estado permanente de «puesta en guardia» que nos impide hasta dormir y respirar bien y que supone un esfuerzo permanente añadido, acabando por desencadenar enfermedades orgánicas y del sistema nervioso.

Como demuestra el experimento de la araña, es posible suscitar reacciones de estrés por medio de determinadas representaciones. A la recíproca, y mediante un entrenamiento adecuado, también podemos *controlar* nuestras reacciones de estrés recurriendo a las representaciones convenientes. En los viajes fantásticos siguientes practicaremos la manipulación consciente de imágenes interiores.

EJERCICIOS

IMAGÍNATE...

Es importante comentar estos ejercicios previamente con los niños, para ofrecerles la oportunidad de discutirlos y comentarlos. Este mismo intercambio sirve para «ponerlos en situación».

49. Muy cerca, muy lejos

Comienzo, pasa a la página 26.

Y ahora, con tu ojo interior, represéntate un paisaje.

Digamos que estás en lo alto de una montaña, desde donde se domina un amplio panorama.

Delante de ti tienes un árbol.

Imagina que tus ojos están dotados de lentes «zoom» como las que llevan las cámaras fotográficas y de cine, y que puedes acercar a toque de botón todo lo que quieras contemplar, o alejarlo para tener una panorámica general.

Así que te acercas el árbol para verlo en primer plano, tanto es así que puedes distinguir todos los detalles:

Estás viendo el tronco, la corteza y las grietas de la corteza, y los bichos que viven dentro de las grietas de la corteza...

¿Ves también las hojas con todo detalle, y las flores?

¿A lo mejor captas incluso un aroma especial?

¿También oyes el rumor de las hojas y el piar de los pájaros?

Bien mirado no tendrías más que alargar el brazo y podrías tocar el árbol, si quisieras.

Y ahora pones el zoom en posición panorámica. El árbol está lejísimos, apenas es más que un punto en el paisaje.

A continuación, juegas con la distancia:

Inhala y acerca el árbol...

Exhala y aléjalo otra vez...

Puedes ensayar varias distancias hasta dejar el árbol colocado exactamente donde a ti te gusta…

Conclusión, pasa a la página 26.

Variantes

Cuando los niños hayan aprendido a establecer conscientemente la distancia entre el árbol y uno mismo, podrán incluirse otros objetos, o figuras humanas a visualizar en el ejercicio.

Las personas, los lugares o los animales que te sean agradables, procura acercártelos o incluso, si es posible, tocarlos. Con las personas y los lugares desagradables harás lo contrario, es decir alejarlos. Al practicar con una imagen desagradable, empiezas a poca distancia y la vas separando hasta una distancia que te parezca suficiente como para despreocuparte de ella. Debes prestar siempre atención a tus sentimientos y sensaciones. El ejercicio ha terminado cuando te encuentras en un estado de ánimo sosegado y positivo.

50. Volar alto como un águila

Comienzo, pasa a la página 26.

Y ahora piensa en un águila. Es un ave poderosa, de gran envergadura. Sus alas desplegadas sustentan el peso del animal con espléndida facilidad. El águila tiene además la vista muy aguda, muy buen sentido de la orientación y vigoroso instinto de supervivencia…

Ahora, imagina que tú eres un águila. Tuya es la soberanía de los aires…

Debajo de ti se extiende un amplio paisaje. Estás viendo caminos serpenteantes, montes, cañadas, bosques y lagos. O quizá tu paisaje preferido respondería a otra descripción diferente…

¿Adónde te gustaría ir volando?

¿Te gustaría contemplar tu escuela vista desde lo alto?

Mírala, por allá lejos asoma…

¡Parece tan pequeña y acogedora vista desde lo alto!

¿Incluso es posible que veas tu clase?

¿Hay alguien en el patio?

Dedica todo el tiempo que quieras a explorar tu escuela de ese modo…

Fíjate en todos los detalles…

Toma conciencia de tu poder y tu fuerza, como águila que eres.

Puedes orientarte y lo abarcas todo con la mirada.

Respira hondo y disfruta esa situación favorable.

Y ahora…

 Conclusión, pasa a la página 26.

Notas terapéuticas

Este viaje fantástico puede sernos de un valor incalculable a la hora de desintegrar temores. La asistencia a una escuela nueva, por ejemplo, a veces constituye una fuente de temor. Y lo mismo la inminencia de un ingreso en el hospital, o de una mudanza a otra ciudad. Pero cuando consideramos ese lugar desde arriba y desde una cierta distancia, aquello que antes nos causaba temor deja de causárnoslo. Lo vemos mucho más pequeño. Sobre todo, lo vemos inscrito en el panorama general de las cosas. El miedo disminuye y aumenta la confianza en uno mismo. Y es con esa confianza que retornamos del viaje fantástico. Naturalmente podríamos llamarlo también «viajar en la alfombra voladora», «sobre una nube», «cabalgando una escoba» o «en un globo mágico».

Tengo comprobado que los viajes fantásticos gustan mucho a los pequeños. En la fantasía todo es posible. En la fantasía ellos dominan la situación que les daba miedo, y como el organismo no hace diferencias entre realidad y representación (recordemos el ejemplo de la «aracnofobia» al comienzo de este capítulo), regresan del viaje fantástico reconfortados y confiando más en sí mismos. Cuanto más a menudo se repita esa práctica mejor arraiga la sensación de fuerza, dominio de las situaciones, aplomo, al tiempo que el ejercicio va gustando cada vez más, hasta llegar el día en que el niño asociará esas sensaciones con la noción del «viaje» (a la nueva escuela, a la clínica). Revestido de estos sentimientos fuertes, que vienen a ser el polo opuesto racional frente a los miedos y temores, dominará mucho mejor las situaciones reales y actuales.

Los niños regresan del viaje fantástico revigorizados y llenos de confianza.

51. Mi escudo protector

Antiguamente los caballeros llevaban al brazo un escudo para cubrirse y protegerse de los dardos y los espadazos de sus enemigos. Hoy ya no estamos en los tiempos de la caballería, pero ya iremos viendo cómo un escudo protector sigue siendo bastante útil.

Poneos cómodos y escuchad:

Sin duda recordarás situaciones en las que te hizo falta mucho valor, y mucha concentración, y mucha atención para salir airoso. Pongamos por ejemplo la circulación de las calles, o tal vez compañeros de colegio que te molestan o incluso te meten miedo. También hay maestros «duros». A veces las cosas se ponen tensas con los padres y los hermanos.

Todo eso agota nuestras energías.

Puedes imaginar estas situaciones y el nerviosismo que te producen como otras tantas flechas que disparan contra ti...

(Ojo: No demorarse más que unos segundos en esta representación de las flechas.)

Ya lo ves, no estaría mal tener un escudo para protegerte.

¿Y cómo se consigue eso?

Solución: Con tu propia respiración.

Poneos cómodos y cerrad los ojos.

Comienzo, pasa a la página 26.

Y ahora imagina que te nace del vientre un huevo de luz. Al principio no es más grande que un huevo de gallina… pero con la fuerza de tu respiración tranquila se va haciendo más y más grande, y crece hasta hacerse tan grande como tú, y más todavía, hasta envolverte por completo…

Te has hecho un escudo protector de luz. Puedes contemplar tranquilamente cómo rebotan en él todas las flechas…

He creado mi escudo hecho de luz, de fuerza y de sosiego.

Y ahora…

Conclusión, pasa a la página 26.

Si quieres, puedes dibujar tu esfera de luz-escudo protector y hacer con él una ficha-fuerza.

En mis cursos, según lo motivados que veo a los niños representamos el escudo de luz no en una ficha, sino sobre una bandeja circular de cartón. En ella puede pintarse, además del color del huevo de luz, también el animal-fuerza, si queremos, y/o el del personaje idolatrado y/o una fotografía de los padres o cualquiera otra de las ayudas que tanta falta nos hacen en la vida. Algunos niños recubren y adornan maravillosamente su escudo con abalorios, plumas o conchas.

52. ¡Hurra! Vamos a escribir un trabajo para la escuela

¿Cómo que escribir un trabajo escolar y «hurra»? Lo uno no va con lo otro, ¿o qué?

En el momento de aceptar y superar un desafío en la vida, nuestra actitud ante el mismo es uno de los factores decisivos. Cuando tenemos «un mal día», la empresa puede parecernos demasiado «difícil», «agotadora», tal vez «imposible». Si ahora cerramos los ojos y tratamos de visualizar ese desafío, quizá nos lo representaríamos como una masa oscura, amenazadora e intratable, frente a la cual nos veríamos a nosotros mismos demasiado «pequeños» y «desvalidos». Otros días, cuando nos sentimos fuertes y seguros, el mismo reto quizá se nos antoja bastante menos abultado, y nos vemos en imagen más «robustos». Incluso es posible que la tarea a realizar se nos aparezca «de otro color». A los alumnos les sucede lo mismo con los exámenes y las pruebas escolares.

¿Éxito o fracaso? Nuestra actitud interior contribuye a decidirlo.

La actividad siguiente es algo más que un experimento. Gracias a ella he obtenido resultados espectaculares con mis grupos.

 Comienzo, pasa a la página 26.

Ahora imagina que no estás en esta habitación.

Imagina que estás de vacaciones, de viaje por ahí…

Mira a tu alrededor, ¡cuántas cosas hay para ver! ¿El mar?… ¿Un campamento de vacaciones?… ¿La piscina?… ¿Qué estás viendo?

¿Tal vez hay también algo que oír…?

Son tus vacaciones, tu tiempo libre. Puedes respirar hondo…

Respira hondo, tranquilamente. Con profundidad. Inhala. Exhala.

Estás en «las mejores vacaciones de tu vida».

Y te encuentras… magníficamente… en relajación total… la mente despejada… el cuerpo en forma…

Y ahora has decidido enviar una tarjeta con un saludo para uno de tus seres queridos.

Son las vacaciones más fenomenales
que has tenido nunca, y envías
una tarjeta que sólo dice:
«¡Estoy bien!».

Y para que se vea a la primera ojeada que es verdad, decoras la frase escribiéndola en letras de diferentes colores... o formando una
línea ondulada... o colgándoles
globos... o añadiéndole un bonito dibujo.

Imagínate esa tarjeta hasta el más pequeño detalle...

Y ahora...

 Conclusión, pasa a la página 26.

A continuación, que cada niño dibuje «su» tarjeta de vacaciones. Es importante que
se establezca un ambiente general meditativo, quizá con ayuda de una música
de fondo adecuada.

Y ahora, el truco: pedimos a los niños que escriban la frase «Mañana vamos a escribir un trabajo para la escuela» adornándola del mismo modo exactamente.

Explicación

A la primera lectura esta actividad puede parecer algo extraña. De hecho se observará
una mejoría del estado de ánimo de los pequeños con vistas a la prueba, y asimismo en
el ambiente del grupo. Tal vez les dará risa a algunos lo que se les propone, pero la situación en general se distiende notablemente. Y no sólo eso, sino que poniendo a los
niños en contacto con su propia tranquilidad, distensión, confianza y fuerza, ellos aso-
ciarán esos factores con la inminente prueba y se tomarán el reto más a la ligera, porque lo ven todo «bajo una luz distinta».

¡Claro está que no hay más remedio que estudiar! Conozco algunos maestros que
hicieron dibujar tarjetas de este tipo y ahora las tienen expuestas permanentemente en
la clase, a modo de fichas-fuerza. Así cada uno de los niños puede evocar esos recuerdos cuando lo necesite, y sacar fuerzas de su «tarro». Otra sugerencia sería coleccionarlas en la carpeta de sus papeles personales.

53. ¡Pché!

Sin duda tú también has conocido a algunas de esas personas, adultos o niños, que ante cualquier empresa difícil, situación desagradable o conflicto enfadoso se escabullen con un encogimiento de hombros y un «bah» o «pché» , dichos con inimitable acento de indiferencia.

Aquí no recomendamos que nadie se quite las pulgas de encima por ese procedimiento, pero sí librarse de cargas inútiles.

Sentados o de pie en actitud relajada, los ojos cerrados.

Dirigid mentalmente la atención hacia los hombros…

Podéis mover un poco los brazos, o dejarlos colgando…

¿Qué sensación os producen los hombros?…

Cuando una cosa nos parece cargante o difícil, sentimos como un peso en los hombros, una tensión…

Imagina que alguien te ha echado una carga sobre los hombros…

¿Notas cómo empieza a acumularse la tensión en los hombros y en la nuca?

Ahora tú te sacudes esa carga, sencillamente.

Alzas un instante los hombros y en el momento de dejarlos caer, dices en voz alta: «¡Pché!».

Y luego otra vez… y otra… y otra… «¡Pché!».

Repítelo varias veces y luego abres los ojos.

Explicación

Durante el mismo ejercicio notarás cómo las caras vuelven a relajarse, e incluso aparecen expresiones casi de júbilo. En una de las variantes hacemos que los niños paseen por la estancia encogiéndose de hombros y diciendo «pché».

Tú puedes hacer lo mismo, también te servirá para relajarte.

Después de este ejercicio yo hago que recojan un guijarro, la «piedra del pché», y que lo lleven siempre en el bolsillo del pantalón. Más adelante, cuando se hallan en situaciones de estrés excesivo impuesto por ellos mismos, toman la piedra en la mano, se encogen de hombros y dicen: «¡Pché!».

54. El rincón del sol, de las tormentas, de la lluvia y de la niebla

Esta idea me fue comunicada por una maestra amiga mía. Con los niños han decorado los cuatro rincones de la clase utilizando telas de colores, imágenes, etc., de manera que tienen un rincón del sol, otro de las tormentas, uno de la lluvia y uno de la niebla.

El rincón del sol representa el buen humor, el de las tormentas el enfado y la cólera, el rincón de las lluvias es el de la tristeza, y el de la niebla el de «no sé cómo me encuentro hoy».

Se invita a los alumnos a colocarse en el rincón que describe su estado de ánimo. Entonces los que ocupan el rincón del sol deben animar a los demás y motivarlos para que se decidan a pasar donde están ellos, al rincón soleado.

Este juego proporciona a los pequeños una buena oportunidad para observar creativamente sus propios sentimientos. Aprenden a reconocerlos, a valorarlos y a comentarlos, así como a dar y recibir ayuda.

Para el maestro es un excelente barómetro de la atmósfera general.

¿Es verdad que los sueños se desvanecen?
EL PODER DEL PENSAMIENTO

Si avanzamos llenos de confianza
en la dirección que nos marcan nuestros sueños
y procuramos vivir tal como habíamos soñado,
lograremos metas más allá de los alcances comunes.
Henry David Thoreau

La capacidad para aprovechar la riqueza personal de nuestro «tarro» depende en gran medida de la motivación y de las metas que nos representamos. El que no tiene una meta explícita, no sabe adónde va. El que no sabe en qué dirección ha de moverse, no encuentra motivos para emprender ninguna acción ni hacer nada que tenga un sentido.

En 1953 se realizó una encuesta entre los estudiantes de la Universidad de Yale sobre si tenían una noción clara y concreta de lo que pensaban hacer una vez terminados los estudios, y si habían fijado un plan por escrito. Lo cual era el caso de un 3 por ciento de los encuestados nada más. Unos veinte años más tarde fueron nuevamente interrogados los individuos de esa promoción. Y resultó que aquel tres por ciento de los que tenían claros sus objetivos desde el principio arrojaba una proporción superior de triunfadores, en comparación con el noventa y siete por ciento restante. No sólo ganaban más dinero sino que eran más felices en su vida particular. No hace falta decir más sobre la importancia de unas metas bien definidas.

Metas vitales y motivación

Cuando los niños cuentan lo que harán cuando sean mayores, a los adultos suele hacerles mucha gracia. Claro está que de ahí a la pubertad o la edad adulta quedan todavía muchos cambios de opinión. La que dijo que iba a ser camionera, y luego futbolista, a lo mejor aspira luego a ser actriz. Unas veces desean dedicarse a lo mismo que sus padres, y otras veces prefieren todo lo contrario. Las metas varían y las diferencias suelen ser muy grandes. Los chicos y las chicas están buscándose a sí mismos y esa exploración interior es muy importante. Les sirve para orientarse. Obviamente una criatura de diez o doce años todavía no está en edad de comprometer definitivamente su futuro camino por la vida, aunque hay algunas excepciones. La búsqueda les sirve a los niños y a los adolescentes para ir conociendo sus preferencias y sus capacidades, sus destrezas y sus puntos flojos. Personalmente creo que la misión del adulto, en estos casos, consiste en acompañar el proceso y transmitir motivación. Entendiendo esto como escucha activa, demostrar interés por los sueños de los jóvenes y transmitirles una sensación básica positiva diciendo por ejemplo «tú alcanzarás todo lo que te propongas», «verás cómo acabas por encontrar tu camino», «estoy segura de que algún día sabrás lo que quieres ser, y si te lo propones de veras, lo conseguirás», «yo te escucharé y te ayudaré a seguir tu camino». Con esto no quiero decir que los adultos debamos prorrumpir en alaridos de entusiasmo ante cada una de las «ocurrencias» que el adolescente quiera pintarnos con los más llamativos colores. Alguien ha de mantener los pies plantados en tierra, pero en actitud de aconsejar y valorar positivamente. Todo el mundo desea encontrar su lugar en la vida, y nuestros hijos también.

Según otro estudio norteamericano, el muchacho o la muchacha que han llegado a los 18 años de edad han escuchado unas 150.000 veces, en promedio, la frase «tú no puedes hacer eso» u otras de sentido similar. Por ejemplo, «todavía eres demasiado joven y no puedes entenderlo», o «espera a la mayoría de edad y podrás hacer lo que se te antoje», «deja eso ya, ¡tonta!». A veces no es siquiera una frase, sino una sonrisa desdeñosa, un sarcasmo, una réplica burlona. Ante tan enorme cifra de mensajes desmotivantes, no me extraña tropezarme con tantos niños y jóvenes faltos de confianza en sí mismos y de metas en la vida. Ni que los más frustrados recurran a las drogas y a la violencia como «derecho al pataleo».

Todos necesitamos creer en nosotros mismos y en nuestra capacidad, o nunca nos atreveríamos a dar un paso. También es necesario creer que nos merecemos el éxito y la felicidad, que tenemos derecho a participar de los frutos de la vida. Y de creer que nuestros seres queridos se alegrarán de nuestro triunfo cuando hayamos alcanzado esas metas.

En los muchos años que llevo trabajando con niños y adolescentes me he convencido de que no hay nada tan motivante como un elogio sincero. Y toda persona humana tiene algo que elogiar.

Hay que imaginar el efecto de un elogio sincero comparándolo con el de una piedra arrojada al agua. La piedra impacta en un solo lugar de la superficie pero su efecto va trazando círculos cada vez más amplios...

Después de un elogio sincero, una meta por la que valga la pena luchar es otro de los factores motivantes principales. Cuanto mayor es nuestro interés por algo, más recursos pone el cuerpo a nuestra disposición y mejor se oxigena el cerebro. El niño que sabe para qué estudia, aprende con más entusiasmo y luego recuerda mejor lo aprendido.

Por supuesto la determinación de una meta debe basarse en una valoración realista de los propios recursos. Por tanto, no se trata sólo de averiguar qué es lo que nos gustaría hacer en la vida, o la profesión de ensueño a que preferiríamos dedicarnos; ante todo hay que hacer una especie de inventario.

- ¿Qué deseo hacer profesionalmente?
- ¿Qué cualidades aporto a ese fin?
- ¿Cuáles me faltan y debo adquirir?
- ¿Cuánto tiempo, esfuerzo, disposición de aprender voy a necesitar para adquirir las cualidades que todavía me faltan?
- El objetivo propuesto, ¿vale la pena?

Los objetivos y las motivaciones se hallan expuestos a muchos cambios.

La pregunta de lo que vamos a necesitar para alcanzar el objetivo suele recibir respuestas diferentes en distintos momentos de la vida. Algunas veces nos creemos capaces de vencer todos los impedimentos, y estamos convencidos de que vale la pena. Otras veces cunde el desánimo. En estas situaciones suele presentarse además una distracción de algún tipo, que hace que nos preguntemos si no podríamos «pasar medianamente» de otra manera y con un esfuerzo mucho menor. Con todas estas variaciones nos ponemos a prueba: «¿Todavía quiero?». Las metas pueden cambiar. ¿Cómo nos sentiremos luego? ¿He cedido a un cambio momentáneo de humor, por comodidad o por pereza? ¿O es un verdadero cambio de horizontes? Nunca es fácil, ni siquiera para los adultos, el responder con realismo a este tipo de preguntas. Obviamente, a los niños y a los jóvenes les resulta muy difícil. En cualquier sentido que las contestemos, una cosa es cierta:

Si limitamos nuestras metas, limitamos nuestra vida.

EJERCICIOS

LO QUE PUEDO Y LO QUE QUIERO

55. El escudo-medicina

Este ejercicio está inspirado en una tradición de los indios americanos, a fin de hacerlo más atractivo para niños y jóvenes. Según la creencia, todo lo que el humano desea aprender, vivir y conocer se inscribe en un círculo. El cual simboliza «el ciclo de la vida» y, al mismo tiempo, define los límites que uno se impone a sí mismo, lo que va a dejar entrar en su vida y lo que no. Estos límites funcionan como un «escudo protector» que rechaza todo lo indeseable. Los indios creen que el escudo irradia, en el plano inconsciente, «lo que es el hombre y su voluntad». Por esta razón suelen fabricarlos con mucho cuidado y decorarlos artísticamente. Una vez terminados, los cuelgan en la entrada u otro lugar destacado de la vivienda. Este escudo protector se convierte así en una poderosa «medicina». Obviamente, la persona que ha realizado una prospección interior de ese tipo, y que ha llegado a conocer adónde apuntan sus deseos en la vida, acaba por saber más acerca de sí misma y de sus metas.

Para nuestro ejercicio he modificado un poco el ritual.

Para empezar hay que explicarles a los niños la importancia de tener una meta. Todos los seres vivos la tienen, incluso los árboles. El árbol quiere crecer hacia la luz, hacerse «grande y fuerte», dar frutos a su debido tiempo. El ejemplo del árbol ofrece la posibilidad de explicarles a los niños que la fuerza reside en sus raíces. En sus orígenes fue una semilla diminuta enterrada, hasta que empezó a crecer y a hacerse más y más grande. Las raíces, entonces, representan sus puntos fuertes, su capacidad. La copa del árbol simboliza la meta, y el tronco las cualidades que es menester desarrollar con el tiempo y que también son necesarias para alcanzar esa meta.

A continuación repartimos entre los niños copias de un dibujo que habremos realizado previamente, representando una especie de «escudo-medicina». El interior del círculo está todavía en blanco. (Puedes copiar el dibujo de la página siguiente, o dibujar tu propia versión en una hoja de papel formato A4.)

«Escribe en el tercio inferior todo lo que se te da bien hacer.»

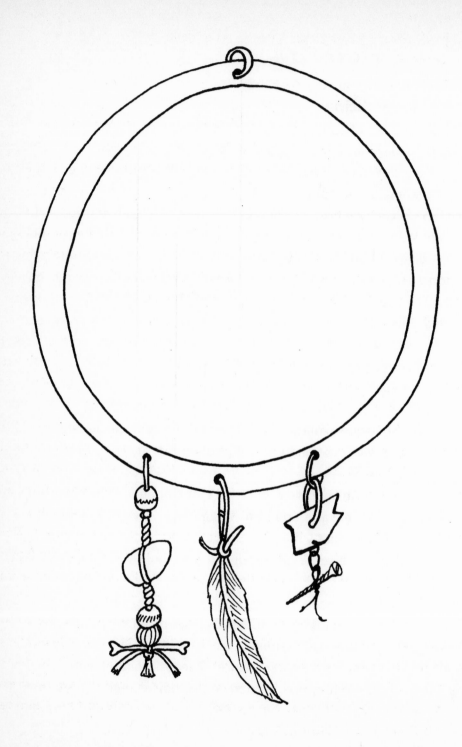

Para responder a esta pregunta servirán los ejercicios anteriores, por ejemplo «mi animal-fuerza» (actividades 4 y 5 de las páginas 32-35).

«Escribe o dibuja en el tercio superior todo lo que deseas.»

Los niños escriben o pintan en el tercio superior lo que anhelan o sueñan, y que suele variar desde un coche espléndido, pasando por una casa y unos hijos, hasta opciones profesionales, o una constitución sana, o incluso un saco lleno de dinero.

«Y ahora, fijaos en vuestro dibujo. Abajo has puesto lo que sabes hacer. Arriba, lo que deseas. El centro aún está en blanco. Aquí va a figurar lo que te queda por hacer o por aprender, es decir las cualidades que necesitas desarrollar para alcanzar tu meta. Sobre todo, no dejéis que dependa de la buena suerte, ni de ayudas de otras personas. Fijaos únicamente en lo que podáis contribuir vosotros mismos.»

En este momento suele producirse una cierta agitación, y no sólo porque algunos no sepan cómo «llegar», sino porque de pronto se dan cuenta de que algunas de las cosas que pusieron arriba debían figurar en el centro, o no tienen mucho sentido.

Por ejemplo, Ana ha escrito arriba «mucho dinero», «una profesión bien considerada» y «buenas notas», todo a la misma altura, significando que concedía la misma importancia a los tres objetivos. Pero ahora se da cuenta de que «las buenas notas» en realidad son un requisito previo para lo de la profesión que ambiciona. ¿Dónde vamos a ponerlas? ¿En medio, quizá? Pero entonces, ¿no se necesita algo más para conseguir unas «buenas notas»? ¿«Concentración», tal vez, o «perseverancia en el estudio»?

En cambio Pia ha escrito «jugar y pasármelo bien en la vida», así como (con el mismo grado de prioridad) «dinero». A la hora de averiguar qué cualidades necesita desarrollar para conseguir todo eso se le plantea una serie de «problemas». ¿Es posible llegar a tener dinero sin hacer nada? Podría casarme con un hombre rico, pero eso no es una cualidad que se adquiere, sino que depende de otra persona y de la buena suerte. ¿Y tratar de ponerme tan bonita como sea posible? Por ejemplo, haciendo más deporte. ¡Pero eso es muy cansado! Que me toque el gordo de la Primitiva, también sería cuestión de suerte. ¿Qué números voy a elegir? ¿Cuántos boletos habrá que rellenar para poder contar con esa suerte?

Tom se propone «ser un gran jugador de la NBA». Pero él es uno de los más bajitos de su grupo de edad y todos los de su familia parecen figurillas. Con lo que viene a resultar bastante improbable que alcance la talla y la robustez de esos campeones.

Esa actividad tan sencilla ha reventado muchas pompas de jabón y desmontado muchos castillos en el aire. Los niños se ven confrontados con el desafío de considerar sus sueños y sus aspiraciones empleando todo el realismo posible a su edad. No es extraño que luego pongan en duda, retrospectivamente, muchas de esas aspiraciones: ¿Realmente me hace falta?

Algunos niños necesitarán más dibujos para ponerse de acuerdo consigo mismos y contestar a esas preguntas.

Una vez terminados, son como fichas-fuerza, al menos durante algún tiempo. Colocados en lugar visible sobre la mesa de trabajo o la cama, el niño o el joven podrán recurrir a ellos en momentos de dificultad o falta de motivación, para encontrar orientación y nuevas energías con que acudir alegremente a la escuela y a la actividad diaria.

Los padres que conozcan esos anhelos de sus hijos podrán estar al lado de ellos en esas «horas bajas». Siempre sin perder de vista que las representaciones del porvenir todavía pueden y deben cambiar muchas veces.

56. Aprender con ganas

Hablamos con los niños para que recuerden lo que ocurría antes de empezar con la escuela. Hubo una época en que deseaban ir a la escuela, y aprender a leer, por ejemplo para poder estudiar por su cuenta la carta de los helados o los programas de la televisión. Y quizá desearon aprender a contar para saber cuántos caramelos tenían.

Hay que hablarles también de todo lo que han aprendido ya… de buena gana, como nadar, jugar al fútbol, montar en bicicleta, etc. Después de esta introducción los pequeños tendrán que admitir que «vale la pena aprender» y puede ser divertido.

Nota

Cuando una persona, niño o adulto, es invitada de manera amable y muy positiva a recordar acontecimientos hermosos de su vida, el inconsciente se pone en marcha y emprende la búsqueda de recuerdos agradables. Reiteramos especialmente aquí lo mismo que rige para todas las instrucciones en los temas meditación, viajes fantásticos dirigidos, etc.: es imprescindible hablar con voz sosegada, elegir expresiones cálidas y motivadoras. Es a través del tono de voz como vamos a transmitir nociones como la alegría de aprender, la confianza en la vida y nuestra fe en el porvenir de todos, por supuesto también de los niños.

Y ahora vamos a ensayar algo:

Sentaos cómodamente y de manera que no molestéis al vecino.

Cerrad los ojos…

 Comienzo, pasa a la página 26.

Ahora viajarás con el pensamiento para regresar a una época y situación en que aprendiste algo que era muy importante para ti, y te dio mucha alegría…

¿Qué fue lo que aprendiste?

¿Qué edad tenías entonces?

Procura recordarlo todo bien, y recuerda también las sensaciones de alegría y de júbilo cuando conseguiste aprenderlo…

Y ahora, con la misma alegría y el mismo orgullo, di tres veces interiormente:

«¡Me gusta aprender!».

Disfruta esa sensación agradable…

Bien, y ahora…

Conclusión, pasa a la página 26.

Después de estos viajes fantásticos los niños suelen manifestar el deseo de contarlos. Habitualmente se les nota todavía el júbilo y el entusiasmo, por ejemplo, mientras cuentan cómo jugaban al fútbol con papá y le marcaron el primer gol. O cómo aprendieron a montar a caballo, o sacaron una buena nota y recibieron un elogio por ello. En este momento, si dibujan una ficha-fuerza muy bonita con muchos colores y con la frase «¡me gusta aprender!», les resultará creíble y más adelante, cuando tengan un momento de desgana, les servirá para recordar que el aprender puede ser divertido y que, en el fondo, es normal sentir alegría cuando se aprende algo. El punto decisivo es que el estado de ánimo positivo favorece precisamente el estudio. Cuando aprendemos «a gusto» lo hacemos de manera más rápida y eficiente.

57. Visiones del camino de la vida

Poneos cómodos y cerrad los ojos.

Comienzo, pasa a la página 26.

Y ahora imagina una barca.

Imagina una barca flotando en las aguas de un río. E imagina que esa barca es tuya…

Y tú estás dentro de esa barca…

Está atada a un embarcadero y ese embarcadero lleva un rótulo que dice tu edad y la fecha exacta del primer día que fuiste a la escuela…

¿Recuerdas cuánto orgullo, el primer día que fuiste a la escuela?

¿Te acuerdas de tus cosas que llevabas en la mochila?

Y ahora la barca empieza a navegar. En el embarcadero quedan las monitoras de la guardería, algunos niños, algunas personas a las que verás ahora con menos frecuencia porque vas a la escuela. Están alegres y te despiden haciendo adiós con la mano… Mira quiénes son…

Y la barca va empujada por la corriente… Mira el paisaje, las casas…

Ahora te estás acercando a otro embarcadero. El letrero dice otra vez tu nombre y un número.

Ese número dice cuántos años tienes ahora.

La barca se detiene en ese embarcadero… Han venido muchas personas a recibirte…

Tus padres, tal vez… tus hermanos… amigos tuyos… Mira a ver quiénes son y cómo se alegran al saludarte…

Hasta que toca otra vez la hora de despedirse. Antes de irte esas personas queridas te dicen lo que les gusta de ti y lo que sabes hacer tan bien…

Oye bien lo que dicen.

Luego puedes continuar tu viaje. Si quieres, puedes llevarte en tu barca un par de seres queridos.

Y ahora el viaje continúa… hacia el futuro.

Los paisajes van desfilando a ambos lados: montañas, valles, casas… ¡cuántas cosas hay que ver!…

De nuevo te acercas a un embarcadero. Esta vez dice tu nombre y el número es el 18. Quiere decir que tienes dieciocho años de edad. Eres una persona adulta.

Amarras la barca y subes a la pasarela.

Miras a tu alrededor, a ver quién está ahí…

Quizás encuentres a otro ser querido que te enseñe el camino…

O tal vez encuentres objetos, cosas… ¿tu animal-fuerza, tal vez?

¿Qué harás cuando hayas cumplido dieciocho años?

Y ahora, si quieres, puedes continuar con tu barca una singladura más.

Hasta que lees el número 24… Aquí tienes veinticuatro años.

Mira a ver qué prefieres hacer ahora.

¿Seguir aprendiendo, tal vez estudiando? ¿Trabajar? ¿Tener familia? ¿O algo completamente distinto de todo eso?

Mira lo que encuentras aquí…

Poco a poco se ha hecho hora de regresar. Irás en tu barca, naturalmente, pero ahora haremos el recorrido inverso. En la barca llevas todos los tesoros y todas las personas que te quieren, y todas las informaciones que has recogido. Has avistado el embarcadero de los 18 y pasas de largo…

Ahora has arribado al embarcadero que lleva el mismo número que los años que tienes ahora.

Amarras aquí y desembarcas…

Y ahora…

Conclusión, pasa a la página 26.

Después de un viaje fantástico tan largo e intenso, es natural que los niños quieran reflexionar luego sobre lo que han visto. Permitiremos que nos lo cuenten, que pinten o escriban los tesoros que han recogido para reunirlo todo en su «tarro».

Mona, de nueve años, hizo el relato siguiente: «En la primera parada estaban en el embarcadero mis padres y mi hermano. Decían que se me da muy bien la música, y leer. También dijeron que me gustan mucho los animales. En la segunda parada encontré muchos libros, e instrumentos de música, y me puse a tocarlos. Los animales hacían corro para escucharme. Creo que cuando sea mayor me haré ayudante de una clínica veterinaria, y tocaré en una asociación musical como hace papá.»

Puede ocurrir también, naturalmente, que el viaje fantástico revele metas insospechadas, diferentes de las que abordamos en la actividad 55, «el escudo-medicina». En estos casos les explico a los niños que esos objetivos o informaciones no son «diferentes» ni incompatibles, sino que pueden considerarse como ampliaciones y complementos.

¿El viaje fantástico es una predestinación?

Lógicamente, no son más que ejercicios, no un compromiso definitivo. Aquí no tratamos de adivinar el porvenir. Muchas cosas pueden y deben cambiar todavía. Lo importante es que los niños aprendan jugando que podemos plantearnos unas metas, forjar planes, tomarnos la medida a nosotros mismos.

La ventaja es evidente: sin necesidad de grandes discursos, les enseñamos algo sobre las metas a corto, mediano y largo plazo. Aprenden que hay que adelantar un paso tras otro, pero también que es necesario tener una meta lejana, y que **Para ser** entonces hay que averiguar cómo se llega hasta allí. De lo contrario puede **excelentes** suceder que después de trepar por la escalera del éxito resulte que la ha-**hay que** bíamos arrimado a una pared equivocada. Creo que debe ser terrible el **sentirse bien.** descubrir algún día, después de haber estudiado largos años y haber luchado por crearnos una carrera profesional, que no disfrutamos con lo que hacemos ni nos produce ninguna satisfacción íntima. Si recordamos entonces que «hay que sentirse bien para ser excelentes», calibraremos la posibilidad de estar dando de nosotros, en esa profesión insatisfactoria, muy por debajo de nuestra verdadera capacidad.

El deporte de competición aprovecha también el poder de la representación positiva de unos objetivos. Los profesionales saben que se llega más fácilmente a **Los deportistas** la meta cuando se ha visualizado con anterioridad todo el proceso (el even-**profesionales** to – la lucha – la meta – el triunfo y la sensación que le acompaña). **visualizan sus** Ejemplo: el saltador de pértiga, para empezar, recorre la distancia desde **victorias.** la línea de salida hasta el obstáculo y el punto exacto donde va a clavar la pértiga en tierra. Entonces sabe cuál es esa distancia y cuántos pasos va a tener que dar para recorrerla. A continuación visualiza con exactitud toda la técnica del salto: la salida, la carrera, el punto donde se apoya la pértiga, el impulso a dar con los brazos, el rodillo para superar el listón y la caída al otro lado. Y no lo piensa una vez ni dos ni tres, sino muchísimas veces, hasta tener la sensación de que todo va a salir tal como él lo concibe. Y entonces, al convertir el pensamiento en acción, ¡funciona! De manera parecida, los futbolistas visualizan los goles; los saltadores de longitud, la marca de una nueva distancia, y los velocistas, el momento de romper la cinta con el pecho; ¡y les da resultado!

Esas posibilidades también se pueden aprovechar en las clases de deporte con los pequeños.

Piensa en lo esencial. Piensa en lo que sabes hacer bien, y en tu meta.
Y lo que todavía no sepas, puedes aprenderlo.

¿El premio?

Todos conocemos la eficacia de los premios. Naturalmente la recompensa debe ser «adecuada». Por lo demás, sólo hay una regla que cumplir: ¡Premiar inmediatamente!

El arte de ser un ciempiés
ÍDOLOS Y PROTOTIPOS

Algunas personas aprenden con gran facilidad. Todo sucede como si les bastase oír un comentario sobre un asunto, o mirar una página de un libro, para saber de qué va. En las pruebas y otras situaciones potencialmente estresantes exhiben una tranquilidad y ecuanimidad extraordinarias. Cuando se proponen un objetivo suelen conseguirlo incluso bajo condiciones adversas. Pero si les preguntamos «¿cómo lo haces?», muchas veces ellos mismos no encuentran una explicación convincente. Tienen destrezas especiales y no se dan cuenta de ellas. En la jerga científica diríamos que tienen una competencia inconsciente. En esto se parecen al ciempiés.

El ciempiés consigue caminar con sus numerosas patas perfectamente sincronizadas, lo que no deja de ser toda una hazaña. Pero si le preguntase alguien cómo lo consigue, el ciempiés seguramente no sabría explicarlo. Y si quisiera fijarse, sin duda acabaría por tropezar y hacerse un lío. ¿Qué hace entonces cuando ha tropezado y quiere volver a caminar normalmente? Si es listo, observará a otro ciempiés, y tal vez le seguirá para adoptar el ritmo de los movimientos del otro. Como es natural, todos ellos son distintos, lo mismo que son distintos y únicos los seres humanos y sus cerebros. Sin embargo, hay características comunes, destrezas y cualidades que tienen todos los alumnos, pequeños y grandes. Ésas son las que hay que reconocer y apropiarse.

¿Con qué se ayudan los demás para triunfar?

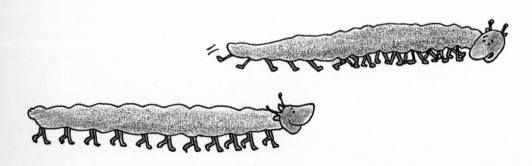

De qué manera nos son útiles los modelos

Para la búsqueda de modelos útiles, yo suelo proponer a los niños que se fijen en los adultos de su entorno y en los compañeros de su misma edad.

Algunas personas han conseguido lo que a nosotros nos gustaría. Y esto vale lo mismo para las metas próximas como para las lejanas. Hay algunos alumnos que tienen éxito, y si nos ponemos en relación con ellos quizá podrían darnos algunas recomendaciones valiosas. Aunque alguno tal vez no esté de humor para hablar, siempre será posible encontrar a otros. Hay adultos famosos y triunfadores, o que personifican otras cualidades que nosotros desearíamos poseer. Sus fotos y sus biografías se publican en revistas y libros. Podemos recortar esas fotos y coleccionarlas o clavarlas en la pared de nuestra habitación, o leer esas biografías.

Es posible que algún padre o alguna madre se inquieten al ver las paredes de la habitación de su vástago llenas de fotografías de Michael Schumacher, Jackie Chan o Madonna. Eso no significa que el chico o la chica vayan a seguir las huellas de esos famosos. Aunque no son malos modelos, por ejemplo, para la virtud llamada «perseverancia» y para las cualidades «ambición», «aprender» y «perfeccionarse a sí mismo», que, aparte del talento que aquéllos tengan, han sido los fundamentos de su éxito.

Para no quedarnos cortos en argumentos a favor de unos modelos elegidos «razonablemente», quiero citar por lo menos otros dos. ¿Sabías que Abraham Lincoln tuvo que volver a empezar desde cero varias veces en su vida (dos veces en la ruina económica total, varias veces derrotado en las elecciones) antes de convertirse en presidente de los Estados Unidos? Es un buen ejemplo cuando se trata de persuadir a alguien de que no se desanime ante un revés. ¿Y el inventor Thomas A. Edison, que acumuló más de once mil (!) intentos fallidos antes de conseguir una bombilla eléctrica que funcionase? Interrogado en relación con estos fracasos replicó que él los consideraba como éxitos, puesto que cada uno de ellos le había indicado una posibilidad a descartar. ¿Sabías que este destacado y exitoso físico sólo estuvo tres días en la escuela, de donde lo echaron por tonto? Aunque esta circunstancia tal vez no te parecerá la más idónea para servir de «modelo» a tu hijo, a lo mejor te servirá de consuelo y además no hace falta que le repitas la historia a él.

También los padres y los maestros son modelos; muchas veces ellos mismos no se dan cuenta de lo mucho que influyen en los pequeños. De tal manera que el trato que tienen padres y maestros con los niños y los adolescentes a menudo se refleja en los modos con que se tratan éstos entre sí. Cuando los enseñantes emplean métodos de disciplina duros, agresivos o humillantes, o usan palabras soeces, están sirviendo de modelos inspiradores de comportamientos negativos. No sólo se perjudica a las actitudes sociales de los niños y los jóvenes entre sí: también se complica la relación entre los menores y los adultos en cuestión, y no digamos el ambiente escolar. Se ha observado muchas veces que los padres timoratos tienen hijos miedosos y que los entornos familiares violentos engendran violencia en los hijos.

Los niños se orientan por el ejemplo que ofrecen los adultos.

Ante un comportamiento indeseable, por tanto, vale la pena contemplarse un rato, por si hemos sido nosotros mismos los que hemos inspirado ese comportamiento con nuestro ejemplo.

■ ¿En qué estoy siendo un buen modelo?

■ ¿En qué he de mejorar o perfeccionarme?

Nuestra conducta diaria constituye modelo para nuestros hijos. Ellos toman referencia, no tanto por lo que decimos como por lo que el ejemplo que les damos.

EJERCICIOS

BUENOS EJEMPLOS PARA GUARDAR EN EL «TARRO»

58. Mi ídolo como manantial de fuerza

Algunos niños tienen ídolos que no van a sernos de mucha utilidad. Es importante que nosotros, como adultos, acompañemos a los pequeños sin juzgarlos y respetando sus decisiones. Pero por otra parte, se impone una intervención cuando un niño se ha propuesto un modelo contraproducente que le induce, por ejemplo, a tratar de resolver sus problemas mediante conductas violentas. Sería necesaria una conversación tranquila con objeto de hallar un prototipo más positivo. Por lo demás este viaje fantástico se asemeja al del ejercicio 1 (relee las páginas 27 y siguientes).

Es importante que los hijos o alumnos inicien también una reflexión sobre sus propios éxitos. A continuación comentarán hipótesis sobre lo que hace su ídolo cuando tiene que enfrentarse a una situación difícil en su vida. También pueden idear un lema o «frase mágica secreta» para utilizar siempre que se vean en análogas situaciones, pero ¡atención!, *evitando las frases de construcción negativa*.

 Comienzo, pasa a la página 26.

Y ahora piensa en una prueba escolar (examen, prueba competitiva) en la que hayas triunfado. Revive la sensación victoriosa…

Imagina que vas camino de la escuela… y te tropiezas con tu ídolo… qué alucine, ¿no?

¿Puedes ver qué prendas lleva? ¿A qué distancia lo ves, cerca o lejos?

Intenta escuchar lo que dice. ¿Está hablando contigo?

Si la respuesta es afirmativa, haz que te hable en tono amistoso.

Tu ídolo ha venido expresamente para darte ánimos. ¿Qué te ha dicho…?

Y ahora imagina que incluso ha dicho la frase mágica.

Imagina que repite esa frase mágica tres veces…

Debes darle las gracias por su ayuda, y ahora dedica tu atención al trabajo escolar (prueba, examen) de que se trata.

Imagina el aula o el lugar donde va a celebrarse…

Tus compañeros de clase…

Tu puesto, que has pasado a ocupar…

Imagina el profesor que está repartiendo los cuadernos (el cuestionario, el papel del examen)…

Ahora imaginas cómo repites tres veces más tu frase mágica…

Notas que estás recibiendo la fuerza que te transmite tu ídolo…

Imagina que entonces lo recuerdas todo fácilmente, con tranquilidad y relajación, y vas llenando las hojas, y vas a sacar una calificación nunca vista…

Sí, puedes dar tranquilamente un pequeño salto al futuro y verás el «notable» o «sobresaliente» al pie de tu trabajo, ¿tal vez incluso escritos en tinta roja?

Qué sensación de alucine, ¿no?

Bien, y ahora…

Conclusión, pasa a la página 26.

Haz una ficha con esa frase para tenerla siempre disponible cuando la necesites. También puedes incluir una foto de tu ídolo, por ejemplo recortándola de una revista, para pegarla en la misma ficha.

59. Andar con zapatos ajenos

Un proverbio indio dice: «No juzgues a nadie mientras no hayas caminado por lo menos dos días con sus zapatos.» Antes de desarrollar la actividad siguiente con los pequeños, hablaremos un rato con ellos sobre los modelos. Y si alguno de ellos ha elegido un modelo de conducta violenta o algo por el estilo, le induciremos mediante un diálogo tranquilo a elegir otro más adecuado.

Poneos cómodos y cerrad los ojos.
Comienzo, pasa a la página 26.

Y ahora piensa en una persona que sea un buen modelo para ti.

¿Por qué la has elegido para que te sirva de modelo?

¿Por qué es una persona especial para ti?

¿Es también la preferida de los demás?

¿Es alguien que haya «luchado» para superar unas circunstancias difíciles?

¿Es de las personas que se «toman con calma» hasta las situaciones más difíciles?

Vamos a imaginar que estás viendo a esa persona, ¿cuáles son sus rasgos típicos?

¿Tiene una postura corporal típicamente suya, o una inclinación de la cabeza, o unos movimientos típicos?

¿A lo mejor tiene una manera determinada de hablar?

Procura visualizar a esa persona lo mejor que puedas.

Trata de imitar esa postura corporal típica.

Intenta meterte en la piel de esa persona, como si tú fueses él o ella.

¿Cómo te sientes?

Imagina que te has apoderado de todas las cualidades que convierten a esa persona en algo especial.

Si eso te resulta agradable como te figurabas, disfrútalo…

Bien, y ahora…

 Conclusión, pasa a la página 26.

Una vez más, interesa que al finalizar el ejercicio los chicos tengan ocasión de comentar la experiencia. A veces ocurre que lo de ponerse en el lugar del otro no les parece tan maravilloso como se figuraban antes de intentarlo. O el modelo no estaba bien elegido, o el niño se ha dicho: «No. Prefiero seguir siendo yo mismo. Me gusta ser como soy». ¡Lo cual sería muy positivo!

Variante

Si el modelo elegido se evidencia adecuado, podemos hacer que lo imaginen en situación de enfrentarse a determinadas dificultades y conflictos propios: ¿qué diría o haría esa persona en tal situación?, etc.

Dejar de ser un ciempiés
CONVERTIRSE EN UN «SIETE CIENCIAS»

El «siete ciencias» es uno que anda sobrado, que lo sabe todo, que suscita admiración. Tiene, por decirlo así, «el tarro lleno» y sabe cómo servirse de él.

Echemos ahora otra ojeada a nuestro «tarro» y pasemos revista a lo que tenemos en él. Aparte de las destrezas y capacidades que teníamos antes, le hemos añadido:

- cómo acceder a los manantiales de fuerza: sosiego, confianza y esperanza,
- cómo mejorar el estado de ánimo, eliminar posibles dolores de cabeza o de espalda, y relajarse, con ayuda de una postura corporal erguida y de diversos ejercicios corporales,
- la importancia de la capacidad de percepción para vivir con plenitud y aprender más,
- cómo entrenar la vista, el oído y la sensibilidad,
- cuáles son las condiciones óptimas para el estudio y el trabajo,
- cómo se practica la visualización y dónde tenemos nuestro particular rincón mental,
- cómo funciona la superestrategia de aprendizaje,
- cómo controlar el estrés,
- la importancia de tener una o varias metas,
- el poder del pensamiento,
- la utilidad de un buen modelo y cómo encontrarlo y aprovecharlo.

Si somos padres o educadores, ahora sabemos

■ cómo apoyar óptimamente a nuestros hijos o alumnos.

¡Todos somos «siete ciencias»! ¡Desde ahora!

Y todo «siete ciencias» tiene, además de su «tarro lleno», un «cofre del tesoro», al que me gustaría añadir estas sugerencias y consejos:

■ Una vez hayan coleccionado fichas-fuerza y fotografías relacionadas con su modelo, que los alumnos confeccionen un calendario, con una ficha y/o fotografía por mes.

■ O también puntos de lectura para las páginas de sus libros.

■ Un llavero en el que figuren sus objetivos personales, sus puntos fuertes, el animal-fuerza.

■ Ayudarles a construir una trampa india para los sueños. En vez de abalorios se utilizan imágenes pequeñas o figuras que guarden relación con las metas y los puntos fuertes.

En colaboración con los niños sin duda será posible desarrollar otras muchas ideas propias, a fin de contribuir a «llenar el tarro» pero siempre de forma lúdica.

La repetición de las actividades propuestas en este libro determinará la de las sensaciones agradables vinculadas, hasta el momento en que sensaciones, métodos y resultados se aceptarán como cosa totalmente natural.

No olvidemos que la práctica asidua hace maestría.

Índice de ejercicios prácticos

Manantiales de fuerza

Mi padre, mi madre como manantiales de fuerza   27

Dime espejito mágico   30

La anémona prodigiosa   31

Mi animal-fuerza   32

Mi color-fuerza   34

Como un lago de alta montaña: tranquilo y transparente   35

Ejercicios corporales

La postura triunfal de Arnie   40

Tracción de tórax con flexión hacia atrás y flexión hacia delante   41

La postura en triángulo   44

La postura del luchador   45

La postura del árbol   46

Concentramos todas las fuerzas   48

La media luna   50

Gimnasia de letras   51

Masaje con percusión   52

Ejercicios respiratorios

Fauces de león   53

Respiración alternada por la nariz   54

Hacer de aitzkolari   55

Ejercicios de relajación

«Palmear» los ojos   56

Me pongo a descansar   57

La tierra que nos sustenta   58

Como un reloj de arena   59

Posavasos de cerveza   60

Ejercicios de percepción

Abrir los ojos: la percepción visual

Museo de figuras   68

«Veo, veo…»   68

Combinación   69

«Mi tarjeta es…»   69

¿Quién es el jefe?   69

Óyeme bien: la percepción auditiva

¿Quién ha sido?   70

Adivinar ruidos   70

Reclamo   70

Tormenta   71

La enotación hace la música   71

Toca, toca: la percepción kinestésica

¿A quién pertenece esa mano?   72

¿Qué es esto?   72

Tubos de órgano   72

Escritura secreta   72

Saliendo de aventura con las manos   73

Correo mudo, tres variantes   73

Espejo mágico II   74

Pautas de los movimientos oculares

Ojos que hablan   77

Entrenamiento de la visualización

Mi rincón mental   94

Ejercicios sobre colores, formas, símbolos e imágenes   96

La vida cotidiana y la escuela   96

Juego de «cruces y ceros» con figuras vivas   97

La superestrategia de aprendizaje

Deletrear del derecho y del revés los ejemplos propuestos
    con ayuda del animal-fuerza   105

Deletrear por parejas, sin sugerir ejemplos y sin animal-fuerza   105
Adivina adivinanza, o ejercicios lúdicos para pasar el rato   106

Control del estrés

Muy cerca, muy lejos   109
Volar alto como un águila   110
Mi escudo protector   112
¡Hurra! Vamos a escribir un trabajo para la escuela   113
«¡Pché!»   115
El rincón del sol, de las tormentas, de la lluvia y de la niebla   116

Metas vitales y motivación

El escudo-medicina   121
Aprender con ganas   124
Visiones del camino de la vida   126

Prototipos

Mi ídolo como manantial de fuerza   133
Andar con zapatos ajenos   134

Acerca de la autora

Ursula Rücker-Vennemann vive y trabaja en Düsseldorf. Para solicitar cualquier información, o en el caso de que algún maestro desee que su escuela aproveche posibilidades de formación sobre el tema del presente libro, escribid a las señas siguientes:

Ursula Rücker-Vennemann
Gepr. Yogalehrerin (EUY), NLP-Master
und Übungsleiterin für Autogenes Training
Heinrich-Holtschneider-Weg 23
40489 Düsseldorf

CRECER

JUGANDO

Títulos publicados:

1. Islas de relajación – Andrea Erkert

2. Niños que se quieren a sí mismos – Andrea Erkert

3. Jugando con almohadas – Annette Breucker

**4. Juegos y ejercicios para estimular
la psicomotricidad** – Bettina Ried

5. Las religiones explicadas a los niños – Daniela Both
y Bela Bingel

6. Aprender a estudiar – Ursula Rücker-Vennemann